Erich Mühsam

Schriften der Erich-Mühsam-Gesellschaft

Heft 44

Herausgeberin:	Erich-Mühsam-Gesellschaft e. V.
Redaktion:	Lienhard Böhning, Günther Bruns, Marita Bruns, Jürgen-Wolfgang Goette, Angela Haecker-Goette
Copyright:	Erich-Mühsam-Gesellschaft 2018; für die einzelnen Beiträge bei den Autoren und Autorinnen
Bildnachweis:	Erich-Mühsam-Gesellschaft, Lübeck: U1 (Porträt Erich Mühsam. Radierung von Horst Janssen), S. 1, U4 (Abdruck aus: Gerd W. Jungblut (Hrsg.), In meiner Posaune muß ein Sandkorn sein. Briefe 1900–1934. Vaduz: Topos 1984, Bd. 1, S. 140)
Textverarbeitung:	Gerda Vorkamp
Herstellung:	Books on Demand GmbH, Norderstedt
ISSN:	0940-8975
ISBN:	978-3-931079-52-9
Preis:	10,– €
Informationen:	Erich-Mühsam-Gesellschaft e. V., Mengstr. 4, c/o Buddenbrookhaus 23552 Lübeck E-Mail: post@erich-muehsam-gesellschaft.de http://www.erich-muehsam-gesellschaft.de

„Missratenc Söhne?!"

– Generationenkonflikte als Gesellschaftskritik –

Jahrestagung **2017**

Wir danken den Förderern unserer Tagung sehr herzlich!

1. Gefördert durch die Arbeitsgemeinschaft Literarischer Gesellschaften und Gedenkstätten aus Mitteln der Beauftragten der Bundesregierung für Kultur und Medien.

2. Gefördert durch die Possehl-Stiftung Lübeck

3. Gefördert durch das Kulturbüro der Hansestadt Lübeck

Inhaltsverzeichnis

Vorbemerkung

„Missratene Söhne?!" – Generationenkonflikte als Gesellschaftskritik – war das Thema der Jahrestagung 2017 der Erich-Mühsam-Gesellschaft e. V., deren Referate in diesem Heft enthalten sind.

Missratene Söhne, in der Regel mit abfälligen und ausgrenzenden Attributen durch Elternhaus und Gesellschaft belegt, viele von ihnen haben nicht nur ihre Familie verstört, sondern auch über die Familie hinauswachsend einen gesellschaftlichen Diskurs befördert. Generationenkonflikte stehen oftmals stellvertretend für die spezifischen Nöte, Verstrickungen, Tragödien und Hoffnungen einer Epoche; sie verdeutlichen eine tiefer gehende neue Einstellung zu bestehenden Werten und Institutionen. Väter sind allgemein Repräsentanten der „alten" Welt, welche Konservatismus, Bedrückung und Unfreiheit bedeutet. Der Bruch mit überlieferten Traditionen steht auch symbolisch für den Bruch mit der jeweiligen gegenwärtigen Welt, welche als bedrückend und bedrohlich empfunden wird. Missratene Söhne haben an den Strukturen der Gesellschaft gerüttelt und zur Veränderung beigetragen. Erich Mühsam war in den Augen des Vaters so ein missratender Sohn. Und einige der auf dieser Tagung vorzustellenden Söhne hatten Kontakt zu Mühsam, sind z. T. von ihm beeinflusst worden. Bei ihm wird deutlich, dass Generationenkonflikte nicht selten zur Anarchie neigen, weil der Mensch sich nicht mehr an patriarchalischen, überlebten und verkrusteten Strukturen orientieren möchte.

Ein großer Dank an die Referentinnen und Referenten, die durch ihre Beiträge, inhaltlich anspruchsvoll, erkenntnisreich und sehr wertvoll, die Grundlage für eine lebhafte Diskussion boten. Dass sie die Erlaubnis für den Druck der Referate in diesem Heft erteilt haben, ist besonders erwähnenswert.

Zwischen den einzelnen Vorträgen drucken wir noch einige Raritäten aus dem letzten Vortrag unserer Tagung von Ralf Wassermeyer ab. Er hat uns in einem interessanten, lebhaften Vortrag einige Stücke aus seiner Sammlung von Erstausgaben und Ausgaben mit Widmungen u. a. von Erich Mühsam in einer Powerpoint-Präsentation vorgestellt.

Eine Tagung will gut vorbereitet sein. Mein ganz großer Dank gilt Marita und Günther Bruns, die sich mit einem großen Elan an die Arbeit machten. Die positive Resonanz der Teilnehmerinnen und Teilnehmer der Tagung ist nicht nur den Referentinnen und Referenten zuzuschreiben, sondern auch dieser ausgezeichneten Vorbereitung der Tagung.

Die Tagung fand in der Gustav-Heinemann-Bildungsstätte in Bad Malente statt. Wir bedanken uns bei den Mitarbeitenden der Bildungsstätte für die gute Zusammenarbeit.

Wir bedanken uns außerdem für die großzügige finanzielle Unterstützung durch das Kulturbüro der Hansestadt Lübeck, der Arbeitsgemeinschaft der Literarischen Gesellschaften und Gedenkstätten (ALG) und last but not least der Possehl-Stiftung als größtem Sponsor.

Lienhard Böhning

Vorsitzender der Erich-Mühsam-Gesellschaft e. V.

Carolin Kosuch

„Missratene Söhne"

Überlegungen zu einer Denkfigur der Jahrhundertwende

I.

Zunächst handelt es sich bei der Feststellung ein „missratener Sohn" zu sein um eine Selbstbeschreibung. Der Anarchist und Bohemien Erich Mühsam (1878–1934) äußerte sich mit Blick auch auf seine Kaffeehaus-Kameraden in diesen Worten:

> Ich erinnere mich eines Abends im alten „Café des Westens" am Künstlertisch, der vollbesetzt war. Schriftsteller, Maler, Bildhauer, Schauspieler, Musiker mit und ohne Namen saßen beisammen; da warf Ernst von Wolzogen die Frage auf, wer von uns konfliktlos und in Eintracht mit seinen Angehörigen zu seiner Lebensführung als Künstler gekommen sei. Es stellte sich heraus, daß wir allesamt, ohne eine einzige Ausnahme, Apostaten unserer Herkunft, mißratene Söhne waren.[1]

Auch andere „Söhne" der Zeit nutzten das wenig schmeichelhafte Adjektiv für ihre Selbstbeschreibung: „Bin ich nicht belastet, minderwertig, mißraten, verpfuscht?",[2] fragte etwa der Publizist und Philosoph Theodor Lessing (1872–1933). Es kommt nicht von ungefähr, dass beide Aussagen von im letzten Drittel des 19. Jahrhunderts in das noch junge Deutsche Kaiserreich geborenen Söhnen aus assimilierten jüdischen Bürger-Elternhäusern stammten. „Missraten" zu sein – dem stand eine allgemein akzeptierte Norm gegenüber, von der sich jene Söhne in ihrer Sicht auf sich selbst meinten erheblich zu unterscheiden. Im vorliegenden Fall handelt es sich bei dieser normgebenden Größe um den Topos des Bürgers bzw. des Bürgertums als einer Leitkategorie der jüdischen Akkulturation.[3]

Nach Jahrhunderten der Diskriminierung und Segregation hatte, beginnend in der zweiten Hälfte des 18. Jahrhunderts, ein Prozess der politischen und gesellschaftlichen Öffnung dafür gesorgt, dass die jüdische Bevölkerung Europas ausgrenzende Berufsverbote gelockert, Erwerbs- und Ansiedlungsrestriktionen gemildert und Studienmöglichkeiten eingeräumt wurden – aber auch, dass die jüdische Partikularität (die sich etwa in eigenen Schulen, einer eigenen Gerichts-

---

1 Erich Mühsam, Unpolitische Erinnerungen. Hamburg 2000, S. 12.
2 Theodor Lessing, Einmal und nie wieder. Gütersloh 1969, S. 78.
3 Im Folgenden wird dem Begriff „Akkulturation" Vorzug vor jenem der „Assimilation" gegeben. Ersterer beschreibt einen Prozess der selektiven Öffnung und Adaption an die Mehrheitsgesellschaft. Die jüdische Tradition und Kultur wurde dabei nicht einfach abgelegt, sondern unterlag einem Wandlungsprozess. „Assimilation" hingegen meint in dieser Lesart einen eher einseitigen und verordneten Prozess, in dem die jüdische Kultur durch eine andere überschrieben wurde, was – historisch gesehen – in dieser Ausschließlichkeit indes nicht der Fall war.

barkeit und einem eigenen Steuererhebungssystem zeigte) zur Disposition stand. Die derart mobilisierte, zu Staatsbürgern gewordene europäische jüdische Bevölkerung zog es vielfach in die wachsenden Städte. Sie orientierte sich in ihrer Akkulturation an der gleichfalls eben erst gesamtgesellschaftlich hervortretenden Schicht der modernen Stadtbürger.[4] Deren Wertehorizont und deren Tugenden – Bildung, Sparsamkeit, Fleiß, Pflichtbewusstsein, Familiensinn, politische und kulturelle Partizipation und ein ebensolches Engagement – bildeten die Basis jener Norm, gegen die sich „missratene Söhne" wie Erich Mühsam wendeten.[5] Ihm attestierte etwa sein Vetter Paul Mühsam ein „angeborenes Unvermögen, sich in bürgerliche Verhältnisse einzuordnen." Und weiter beobachtete er: „Sein [Erich Mühsams, C.K.] Vater hatte ihn zum Apotheker bestimmt und sich ihn als Nachfolger in diesem Berufe gewünscht und erlebte, fleißig, pedantisch, sorgfältig und ehrgeizig, wie er war, an dem Sohn, in dem er nur den faulen Bummler sah, eine Enttäuschung nach der anderen."[6]

Nicht selten entstammten die „missratenen Söhne" Familien, die sozial aufgestiegen waren, an ihrer Spitze ein dem zeitgenössischen polaren Geschlechterbild entsprechender, dominanter Vater, der es zu wirtschaftlichem Wohlstand und gesellschaftlichem Ansehen gebracht hatte und mit seinen Angehörigen in scheinbar gesicherten (groß)bürgerlichen Verhältnissen sowie häufig auch in guten Beziehungen zur bürgerlich-christlichen Nachbarschaft lebte. Und doch: Ressentiments, rassisch aufgeladene Parolen und antisemitische Hetze waren im Deutschen Kaiserreich mitnichten verschwunden, im Gegenteil, prägten sie den Diskurs in Politik und Medien seit der Gründerkrise zusehends, wovon nicht nur der lautstark verhandelte Antisemitismusstreit zeugte.[7] Der Schriftsteller und Sprachphilosoph Fritz Mauthner (1849–1923) – selbst auch ein „missrater Sohn"[8] – etwa beschrieb diesen um sich greifenden Antisemitismus in seinem Roman *Der neue Ahasver* als unangreifbare, sich ausbreitende, gestalt- und gesichtslose Masse,

---

4 Der Prozess der jüdischen Emanzipation gestaltete sich – je nach Region – europaweit sehr unterschiedlich. Vgl. dazu auch Carsten L. Wilke, Emanzipation, in: Dan Diner (Hrsg.) Enzyklopädie jüdischer Geschichte und Kultur, Bd. 2, Stuttgart/Weimar, S. 219–231.

5 Vgl. dazu Michael Brenner, Stefi Jersch-Wenzel, Michael A. Meyer, Deutsch-jüdische Geschichte in der Neuzeit. Bd. 2: 1780–1871, München 1996; Steven M. Lowenstein u. a., Deutsch-jüdische Geschichte in der Neuzeit. Bd. 3: Umstrittene Integration 1871–1918, München 1997 sowie Simone Lässig, Jüdische Wege ins Bürgertum. Kulturelles Kapital und sozialer Aufstieg im 19. Jahrhundert, Göttingen 2004.

6 Paul Mühsam, Ich bin ein Mensch gewesen. Lebenserinnerungen, Berlin 1989, S. 82.

7 Vgl. hierzu auch Peter G. J. Pulzer, Die Entstehung des politischen Antisemitismus in Deutschland und Österreich 1867–1914, Göttingen 2004.

8 Fritz Mauthner und seine vier Brüder wuchsen mehrheitlich in Prag in einem bürgerlich-patriarchal geprägten Haus auf. Sie waren Söhne eines Kaufmanns, der für seine Kinder ebendiesen Berufsstand vorgesehen hatte. Doch Fritz Mauthner entsprach diesem Ansinnen nicht, rebellierte, brach sein Jurastudium – ursprünglich ein Kompromiss – ab und widmete sich dem Schreiben (als Journalist, Theaterkritiker und Literaturschaffender) sowie der Philosophie (als Sprachkritiker). Vgl. dazu Fritz Mauthner, Erinnerungen. Prager Jugendjahre, München 1918.

ohne Mittelpunkt, ohne sichtbare Organe; nur lange Fangarme streckten sich aus dem Molluske nach allen Seiten und legten sich in kalter, scheußlicher Umklammerung um die Hand, die sie fassen wollte, und saugten das Blut aus. Und wenn es gelang, einen der Fangarme abzuhauen, so sank wohl das getrennte Glied schlotternd zusammen, die schlammige Masse aber rollte zuckend wieder auf uns streckte neue Fangarme aus, unangreifbar, unbesiegbar, widerlich, tödlich.[9]

Söhne wie Mühsam, Lessing und viele andere mehr erlebten diesen Antisemitismus indirekt und direkt, er zeigte auf, wo die Väter geirrt hatten. Das Gleichheitscredo, die Staatsbürgerschaft, der Wegfall vieler – aber eben nicht aller[10] – Beschränkungen hatten nur oberflächlich verdeckt, was die „missratenen Söhne" in ihren Lebensentwürfen und in ihrem Schaffen anprangerten.

Da in der Praxis jüdischer Assimilation […] der Verlust der konsistenten Identität nicht durch soziale Integration kompensiert wird, bedeutet der Eintritt in die moderne Gesellschaft doppelte Entfremdung. Aus dem festgefügten territorialen Ghetto treten die „assimilierungswilligen" Juden in die soziale Inkongruenz.[11]

Die Söhne wandten sich in Folge nicht selten antikapitalistischen, umstürzlerischen und antibürgerlichen Strömungen zu – etwa dem Anarchismus, dem Sozialismus oder aber der Bohème; sie suchten Zuflucht im Schreiben, in der Philosophie, auch in zionistischen Positionen, nicht aber im väterlichen Wirtschaftsbetrieb.[12] Hierüber äußerte sich Franz Kafka (1883–1924) in seinem *Brief an den Vater*, mit dem er sich an eine nachhaltig prägende, strafende und verurteilende Vaterfigur wandte, wie folgt: „[Ich habe] mich seit jeher vor Dir verkrochen, in mein Zimmer, zu Büchern, zu verrückten Freunden, zu überspannten Ideen; […] für das Geschäft [habe ich nie Sinn gehabt]."[13] Und auch der Publizist und Anarchist Gustav Landauer (1870–1919), dessen Eltern den traditionell lebenden, weiteren Familienkreis verlassen hatten um sich in Karlsruhe niederzulassen und ebenda erfolgreich ein Schuhgeschäft zu führen, rang auf diese Weise mit seinem Vater und dessen Lebenswelt: Schon als Knabe in ersten ei-

9 Fritz Mauthner, Der neue Ahasver. Roman aus Jung-Berlin, Berlin/Wien 2001, S. 279.
10 Die deutsche Bürgerkultur war stark protestantisch geprägt, das Kaiserreich verstand sich als ein christlicher Staat. Selbst im Fall weitestgehender Akkulturation blieben Juden und Jüdinnen deshalb in der Gesellschaft als „nichtchristlich" sichtbar und wurden von bestimmten, besondere Loyalität erfordernden Berufsfeldern ausgeschlossen bzw. wurde ihnen der Zutritt dazu in der Annahme erheblich erschwert, sie könnten diese Loyalität und Konformität aufgrund von Herkunft und Bekenntnis nicht aufbringen. Dies galt etwa für Beamtenlaufbahnen, staatliche Ämter, Professuren und auch militärische Positionen u. Ä.
11 Hildegard Kernmayer, Klaus Hödl, Petra Ernst, Assimilation – Dissimilation – Transkulturation, in: Moritz Csáky, Astrid Kury, Ulrich Tragatschnig (Hrsg.), Kultur – Identität – Differenz. Wien und Zentraleuropa in der Moderne. Innsbruck u. a. 2004, S. 291–322, hier S. 293.
12 Vgl. Hans-Dieter Hellige, Generationskonflikt, Selbsthaß und die Entstehung antikapitalistischer Positionen im Judentum. Der Einfluß des Antisemitismus auf das Sozialverhalten jüdischer Kaufmanns- und Unternehmersöhne im Deutschen Kaiserreich und in der k. u. k.-Monarchie, in: Geschichte und Gesellschaft 4 (1979), S. 474–518.
13 Franz Kafka, Brief an den Vater, in: Er. Prosa von Franz Kafka, Frankfurt/Main 1984, S. 133–192, hier S. 133.

genen literarischen Versuchen, die etwa den Konflikt des biblischen Kain – bei Landauer ein Rebell – mit seinen gottergebenen, gehorsamen Eltern thematisierten oder aber den Tyrannenmord und die Möglichkeiten einer freien Gesellschaft zum Gegenstand hatten; als junger Mann, indem er sein beim Vater mühsam durchgesetztes Studium der Philologie abbrach, um sich in Berlin politisch radikalen Künstlergruppierungen und linken Oppositionsströmungen anzuschließen, die ihn schließlich zum Anarchismus führten. Zwei Haftstrafen und eine Beziehung zu einer Proletarierin, die er ehelichte, ohne vorher die elterliche Erlaubnis einzuholen schließlich zementierten den Bruch des „missratenen Sohnes" Landauer mit seinem Vater und dessen als geordnet wahrgenommene, deutsch-jüdische Bürgerwelt.[14] Einem Freund schilderte Landauer diese verhärteten Fronten, die bis zum Tod des Vaters nicht aufgelöst werden konnten:

> Anders aber steht die Sache mit meinem Vater. [...] Ich schweige auch gegen ihn und kann nicht mehr mit ihm reden; denn gegen Ausbrüche so besinnungsloser und beschimpfender Art kenne ich keine andere Wehr. Du kennst wohl nicht die jüdischen Familienverhältnisse. So lange Einklang herrscht, sehr schön; aber wenn ein Kind selbst nur in geringem eigenen Willen haben will, dann ist es fürchterlicher als in irgendwelchen andern Familien. [...] mein Vater hat es mit roher Gewalt, mit Entzug der finanziellen Mittel und mit einer Flut von Beschimpfungen erzwingen wollen.[15]

Das „Missratensein" jener deutsch-jüdischen Bürgersöhne war, wie gesehen, auch Ausdruck einer Krise der Akkulturation und zudem stark an die väterlich besetzte Bürgerkultur des Fin de Siècle gebunden, in der diese Söhne ihren Gegenpol fanden. Er bildete, wie im Folgenden noch weiter aufgezeigt wird, trotz oder gerade in ihrer Abgrenzung eine feste Referenzgröße, an der sich ihre Abweichung orientierte.

II.

Ein genauerer Blick auf das „Missratensein" indes zeigt, dass diese Kategorie nicht ausschließlich auf Söhne aus deutsch-jüdischen Bürgerhäusern der Jahrhundertwende beschränkt bleiben muss. Vielmehr konnte sie auch für Bürgersöhne ohne jüdischen Hintergrund, und darüber hinaus durchaus auch für Töchter, wie etwa das Beispiel Franziska zu Reventlows (1871–1918)[16] zeigt, Gel-

---

14 Vgl. hierzu ausführlich Carolin Kosuch, Missratene Söhne. Anarchismus und Sprachkritik im Fin de Siècle (= Schriften des Simon-Dubnow-Instituts, Bd. 23), Göttingen 2015.
15 National Library of Israel, Landauer Archives, Brief Landauers an Emil Blum-Neff, 23. Januar 1893.
16 Franziska zu Reventlow war die Tochter eines preußischen Landrats und brach aus dem engen Korsett, das ihr durch Erziehung und Stand vorgegeben war, aus: Nachdem sie bereits einmal von der Schule relegiert worden war, absolvierte sie trotz Widerständen der Eltern das Lehrerinnenseminar, ehe sie der Familie den Rücken kehrte und als Teil der Bohème in München und Ascona lebte, wo sie als Schriftstellerin arbeitete. Vgl. auch Gunna Wendt, Franziska zu Reventlow. Die anmutige Rebellin (= Aufbau-Taschenbücher 7084), Berlin 2011.

tung erlangen. So entzweite sich Hugo Ball (1886–1927), Initiator der avantgardistischen Dada-Bewegung, nach dem Abbruch seines Studiums mit seiner katholisch-bürgerlichen Familie und erwies sich mit seiner Kunst als äußerst „antibürgerlich", während der Arbeiterarzt, Schriftsteller, Anarchist und Bakunin-Biograf Fritz Brupbacher (1874–1945) seine lebenslang normwidrige Haltung einem „Vaterkomplex"[17] zuschrieb, den er auf seine Ablehnung des ins Bürgertum aufgestiegenen Vaters und dessen Ideale von Erwerb, Pflicht, Gehorsam und Sparsamkeit zurückführte. Diese „missratenen" Söhne und Töchter gingen durch anders gelagerte Krisen (etwa solche, die durch die polare Geschlechterordnung ausgelöst wurden) als jene die jüdische junge Generation des Fin de Siècle zusätzlich und ausschließlich betreffende der Akkulturation. Auch waren sie persönlich nicht von antisemitischen Anfeindungen betroffen. Ihre Rebellion gegen das gesamtgesellschaftlich tonangebende und damit auch wesentlich über den Kanon zeitgenössischer Werte und Normen bestimmende Bürgertum lässt sich zudem aus einer allgemeinen Irritation gegenüber der Moderne mit ihrem Leitmotiv des Bürgers und seinem viel gescholtenen „Renditeideal"[18] erklären.[19]

Die Epoche der Jahrhundertwende kann als eine Zeit beschleunigter und verdichteter Moderneerfahrung charakterisiert werden. Tiefgreifende Erschütterungen, die durch die Aufklärung, die Industrielle Revolution und die Säkularisierung ausgelöst wurden,[20] verbanden sich zum Ausgang des Jahrhunderts im Deutschen Kaiserreich zunächst mit dem Aufschwung der Gründerjahre, wenig später dann mit der Krisenerfahrung des Gründerkrachs. Der Wegfall sozialer und wirtschaftlicher Barrieren, der Ausbau der Infrastruktur, aber auch persönliche Freiheit und Liberalismus schufen ein Klima der Mobilität und Durchlässigkeit, das, befördert noch durch naturwissenschaftlich-technische Innovation und eine Bildungsoffensive dazu beitrug, die vordem eher statisch organisierte Gesellschaft selbst in Bewegung zu versetzen und aufzubrechen.[21] Zudem stand sicher geglaubtes Wissen und auch die christliche Wertordnung auf dem Prüfstand: Einstein riss den Newtonschen Kosmos ein und ersetzte ihn durch eine

---

17 Fritz Brupbacher, 60 Jahre Ketzer. Selbstbiographie von Fritz Brupbacher, Zürich 1935, S. 84.
18 Ebd., S. 13.
19 Das Bürgertum war eine heterogene Gesellschaftsschicht, deren Bild gerade von den „missratenen Söhnen" häufig zu uniform, unreflektiert und polemisch überspitzt dargestellt wurde. Die Verhältnisse gestalteten sich demgegenüber im Einzelnen viel dynamischer, weswegen sich Kritik an der Bürgerlichkeit aus dem Bürgertum selbst heraus entwickeln konnte. Vgl. zur Leitkategorie des Bürgers, zu Begrifflichkeiten und Abgrenzungen einführend Michael Schäfer, Geschichte des Bürgertums. Eine Einführung (= UTB 3115), Köln 2009 und Andreas Schulz, Lebenswelt und Kultur des Bürgertums im 19. und 20. Jahrhundert (= Enzyklopädie deutscher Geschichte Bd. 75), Berlin/Boston ²2014.
20 Vgl. hier und im Folgenden auch Zygmunt Bauman, Moderne und Ambivalenz. Das Ende der Eindeutigkeit, Hamburg 2005 und Jürgen Osterhammel, Die Verwandlung der Welt. Eine Geschichte des 19. Jahrhunderts, München 2009.
21 Vgl. auch Wolfgang Kaschuba, Die Überwindung der Distanz. Zeit und Raum in der europäischen Moderne, Frankfurt/Main 2004 und Hartmut Rosa, Beschleunigung. Die Veränderung der Zeitstrukturen in der Moderne, Frankfurt/Main 2005.

variable Raum-Zeit Relation; Freud demaskierte das Individuum und seine Prä-
gungen; Durkheim tat Gleiches im Bereich der Gesellschaft; zahlreiche neue
religiöse und weltanschauliche Angebote traten in Konkurrenz zu den etablierten
Konfessionen. In den rasch wachsenden Städten mit ihren neu entstehenden Fab-
rikanlagen, ihrem rasanten Rhythmus, den zahllosen Konsum- und Unterhal-
tungsmöglichkeiten und einer vielfältigen Öffentlichkeit kondensierte sich das
Lebensgefühl dieser Moderne – und auch all ihre Schattenseiten, die Hinterhöfe,
die prekären Existenzbedingungen und – mit Blick auf die „missratenen Söhne" – die scheinbare Alternativlosigkeit einer engen, reglementierenden, an Ra-
tio und Vernunft orientierten bürgerlichen Kultur.

Für viele kam dieser Umbruch zu rasch und hinterließ ein Gefühl der Hilf- und
Orientierungslosigkeit sowie des Überdrusses ob der entstehenden Massenkultur
und -produktion. Doch diese Erschütterung, die „Umwertung aller Werte"[22]
setzte auch kreative Impulse frei, in Kunst und Literatur ganz neue Formspra-
chen und Interpretationen zu entwickeln oder aber über politisches Engagement
den Missständen dieser so verheißungsvollen Moderne zu begegnen. Der „Reiz
der Häresie" und der „Hang zu bedingungsloser Selbsterforschung"[23] einte deshalb viele der „missratenen Söhne" – jüdische und nicht-jüdische – jener Zeit,
wobei ihr Protest immer auch eine Form der Selbstinszenierung und Selbstset-
zung auf einem hart umkämpften und nach Neuem heischenden Markt mit bein-
haltete, von dem sie etwa als Kunstschaffende, Schriftsteller, Publizisten und
politische Redner lebten. Ihre Antibürgerlichkeit hatte also Methode, ihr Indivi-
dualismus und ihre Rebellion waren um 1900 nicht selten Teil ihres Erwerbs
und daher, obgleich zutiefst empfunden, durchaus auch Mittel zum Zweck.[24]

Die Söhne führten dabei die gesellschaftliche Erfolgsgeschichte des Vaters nicht
fort, sie operierten anders als er von keiner gesicherten ökonomischen Basis aus,
strebten oft keine akademischen Titel an, sie übten meist keinen angesehenen
bürgerlichen Beruf aus bzw. reüssierten sie in einer Parallelwelt avantgardisti-
scher Kunst, lebensreformerischer Projekte, alternativer Künstlergemeinschaften
und -zirkel, im Journalismus, der Schriftstellerei, dem Kaffeehaus oder in politisch linken Strömungen, nicht im Bürgerverein, selten in etablierten Parteien.
Das „Missratensein" war letztlich das Eintrittsticket zu dieser Alternativgesell-
schaft, es unterstrich die Besonderheit jener Söhne, vielleicht auch ihr erhofftes
schöpferisches Genie und ihren Willen, Neuem den Weg zu bereiten. Trotz seiner Negativität war es daher auch ein willkommenes Attribut, ein Distinktions-
merkmal, das sie von konkurrierenden Kulturschaffenden aus dem bürgerlichen
Milieu in einer Marktsituation unterscheidbar machte. Mit ihnen teilten diese
Söhne ihre Orientierung an Bildung, Literatur und Philosophie und bewegten

---

22 Friedrich Nietzsche, Ecce Homo. Wie man wird was man ist, Berlin ⁴2016, S. 68.
23 Peter Gay, Die Moderne. Die Geschichte eines Aufbruchs, Frankfurt/Main 2008, S. 24.
24 Vgl. auch Helmut Kreuzer, Die Boheme. Analyse und Dokumentation der intellektuellen Subkultur
vom 19. Jahrhundert bis zur Gegenwart, Stuttgart 2001.

sich damit durchaus und nicht anders als die deutsch-jüdischen „missratenen Söhne" vor einem bürgerlichen Wertehorizont, „[d]enn auch in der Negation orientiert man sich grundlegend am Negierten und läßt sich ungewollt durch es bestimmen."[25] In ihrem Streben nach Authentizität und Innovation übersteigerten sie ihn indes geradezu und durchbrachen ihn stellenweise.

III.

Über die Rückbindung an die konkrete historische Situation hinaus verweist das „Missratensein" zusätzlich noch auf eine weitere, zeitunabhängigere, soziologische Dimension. „Missratensein" definiert sich durch nonkonformes Verhalten, rebellische Attitüden, Widerspruch und Aufbegehren und bildet damit den Gegenpol zum „Wohlgeratensein", dem konformistisches Verhalten, Anpassung, Fügsamkeit, Gehorsam, Sicherheits- und Werterhaltungsdenken zugeordnet werden können. Der oben skizzierte rasche gesellschaftliche Wandel in der Moderne begünstigte dabei tendenziell eher konformistisches Verhalten:

> Die Industrialisierung und Urbanisierung, die Ausbreitung egalitärer Wertsysteme, die zunehmende Bedeutung der Massenmedien, die Lockerung der Bildungsbarrieren und die Angleichung der Konsumchancen (Massenkonsum) haben zu einer *Nivellierung*, einer Angleichung fast sämtlicher Verhaltensmuster geführt. Es herrscht eine Verbraucherhaltung vor, bei dem das gesamte Erleben (auch im Freizeitbereich) nach Kategorien des Konsums ausgerichtet ist.[26]

Das nonkonforme Verhalten der „missratenen Söhne", die eine Außenseiterposition bezogen hatten,[27] hätte dann eine wichtige gesellschaftliche Funktion erfüllt, nämlich, Stagnation zu verhindern, verstärkt Innovation und Bewegung zu initiieren, Vielfalt und Optionen zu sichern.[28] Damit ist keine Wertung verbunden: Gerade das nonkonforme Verhalten gehörte zur Moderne, ja machte sie wesensmäßig aus und bedingte die ihr zugrundeliegende Heterogenität mit. Die „missratenen Söhne" standen also trotz ihrer gelebten und geschriebenen Kritik nicht abseits, sondern mitten in der modernen Gesellschaft und ihrer Konsumhaltung; ihr fügten sie weitere Facetten und Alternativen hinzu, die durchaus selbst wieder konsumierbar waren, den (alternativen) Konsum unterstützten bzw.

---

25 Karl Mannheim, Das Problem der Generationen, in: Karl Mannheim, Schriften zur Wirtschafts- und Kultursoziologie, hrsg. v. Amalia Barboza/Klaus Lichtblau, Wiesbaden 2009, S. 121–166, hier S. 143.

26 Hermann L. Gukenbiehl u. a., Grundbegriffe der Soziologie (= UTB 1416), Opladen 2001, S. 161. Vgl. weiterführend auch Wolfgang Lipp (Hrsg.), Konformismus, Nonkonformismus. Kulturstile, soziale Mechanismen und Handlungsalternativen, Darmstadt 1975.

27 Howard S. Becker definiert den Außenseiter als eine „Person, die keine Gewähr dafür bietet, daß sie nach den Regeln lebt, auf die sich eine Gruppe geeinigt hat." (Howard S. Becker, Aussenseiter. Zur Soziologie abweichenden Verhaltens, Frankfurt/Main 1981, S. 1.)

28 Vgl. Wolfgang Lipp, Außenseiter, Häretiker, Revolutionäre. Gesichtspunkte zur systematischen Analyse, in: Dieter Fauth, Daniela Müller (Hrsg.), Religiöse Devianz in christlich geprägten Gesellschaften. Vom hohen Mittelalter bis zur Frühaufklärung, Würzburg 1999, S. 13–28.

einen sonstigen Wert innerhalb der Konsumgesellschaft verkörperten: Romane, Gedichtbände, Theaterstücke, philosophische Lehrgebäude, Zeitungsartikel, oder aber – etwa im Falle von Landauers Sozialistischem Bund, einer 1908 ins Leben gerufenen Initiative, die den Ausstieg von Pionieren aus der kapitalistischen Gesellschaft durch Landsiedlung vorbereiten wollte – Konsummarken für einen parallelen Markt, den Landauer hoffte, nach den Ansprüchen der Selbstbestimmung gestalten zu können. Dieses Ansinnen wiederum setzte einen hohen Grad an Individualisierung voraus, der gerade die Moderne den Boden bereitet hatte.[29]

Demgegenüber hatte Erich Mühsam – seiner Zeitgenossenschaft und Betroffenheit wegen gänzlich unkritisch – das Label „missraten" als kollektiv geteilte Beschreibung seiner spezifischen Kohorte gewählt. Er grenzte „die Jungen" damit gegen „die Alten" ab. Auf diese Weise deutete er „Generation" oder besser einen „Generationszusammenhang" als eine geteilte, erfahrungsgeschichtliche Kategorie, in der „Jugend" mit nonkonformistischem „Stürmertum" assoziiert wurde.[30] Die „missratenen Söhne" erschienen in dieser Lesart umso mehr als Träger des Fortschritts, da sie nicht nur der generationelle Zusammenhang lose verband, sondern ihre Gemeinschaft darüber hinaus zusätzlich noch gegen ein feindlich besetztes stereotypisiertes bürgerliches Außen abgegrenzt war, was den inneren Zusammenhang stärkte und diese Söhne auf ein verwandtes Wahrnehmungs- und Handlungsmuster festschrieb. Das Bürgerliche wurde dabei als die mit dem Vater verbundene, alte, in ihren Normen und Strukturen erstarrte, zu überwindende Gesellschaft abqualifiziert und durch einen Prozess der Dynamik und Erneuerung konterkariert. Karl Mannheim führte dazu in soziologischen Perspektiven aus:

> Alt ist man primär dadurch, daß man in einem spezifischen, selbsterworbenen, präformierenden Erfahrungszusammenhang lebt, wodurch jede neue mögliche Erfahrung ihre Gestalt und ihren Ort bis zu einem gewissen Grade im vorhinein zugeteilt erhält, wogegen im neuen Leben die formierenden Kräfte sich erst bilden und die Grundintentionen die prägende Gewalt neuer Situationen noch in sich zu verarbeiten vermögen. Ein ewig lebendes Geschlecht müßte selbst vergessen lernen können, um das Fehlen neuer Generationen zu kompensieren.[31]

Der „freischwebende Literat" hat, Mannheim folgend, besonders mit der „zeitgenössischen Dominante"[32] – dem Bürgertum im Fall der „missratenen Söhne" – zu ringen. Wie Erich Mühsam weiter unterstrich:

29 Vgl. dazu Eugene Lunn, Prophet of Community. The Romantic Socialism of Gustav Landauer, Berkeley/Los Angeles/London, S. 216–222 und Siegbert Wolf (Hg.), Gustav Landauer. Antipolitik (= Ausgewählte Schriften, Bd. 3.1), Lich/Hessen 2010, S. 107–355.
30 Vgl. dazu Mannheim, Das Problem der Generationen, S. 123.
31 Ebd., S. 141.
32 Ebd., S. 163.

Seit ganz kurzem aber beobachten wir die ersten Atemzüge einer neuen Bewegung [...]. Zum ersten Male organisiert sich die Jugend gegen Autorität und Zwang, gegen Tradition und Erziehung, gegen Schule und Eltern. Die jungen Leute wollen die Hälse frei bekommen von den Umschnürungen der Verbote und des Drills. Sie wollen anerkannt werden als Menschen mit eigner Sehnsucht, mit eignem Leben, die nicht zu danken, sondern zu fordern haben. In schönem Radikalismus streben sie nach den größten Dingen: nach Wahrheit in Empfangen und Geben, nach Freiheit in Leben und Lernen, nach Raum zum Atmen und Werden. Was in der Zeitschrift der Jugend „Der Anfang" aus jungen Herzen nach Ausdruck drängt, das ist viel ungegorenes und manchmal bizarres Zeug, aber es ist die Sprache der Jugend, es ist das aufgeregte und den Freund der Zukünftigen heiß aufregende Bekennen heiliger, starker revolutionärer Inbrünste. Mögen Lehrer, Pfaffen und Eltern vor Entsetzen bersten, mögen sie sich mit Maulkörben bewaffnen und die Polizei herbeirufen, um das freie Wort im Munde der Jungen zu verstopfen, – es nützt nichts mehr. Der Gedanke ist stärker als das Wort, der Gedanke ist losgelassen, ihn hält nichts mehr auf. Das Problem Väter und Söhne ist gelöst, die Jugend hat es gelöst. Sie schreitet dahin über den Jammer der Alten, wie der Frühling über die Dürre des Winters. Die immer und immer bewährten „Erfahrungen" der Sechzig- und Siebzigjährigen sind um diese bereichert worden: daß die recht haben, die eine ganze Generation jünger sind, also um eine Generation Erfahrungen mehr haben. Der Kampf der Jungen ist angefacht. Er wird zum Siege führen, denn an Nachwuchs wird er nie Mangel haben, und die fröhliche Torheit, die das schöne Vorrecht der Jugend ist, wird allzeit seine gute Waffe sein.[33]

Der Psychoanalytiker, Freudschüler und Mühsam-Vertraute Otto Gross (1877–1920) hat diese generationelle Dynamik als Zeitgenosse beobachtet und in eine Theorie überführt. Gross, gleichfalls ein „missratener Sohn", der aufgrund seiner die auf dem Vaterrecht basierenden Gesellschaft als krankmachenden Faktor umschließenden Thesen von Freud verstoßen und wegen seiner unkonventionellen Lebensführung, seinem Drogenkonsum und seinen auf einer befreiten Sexualität aufbauenden Therapiemethoden von seinem Vater, einem bekannten Kriminologen, beständig verfolgt und in Heilanstalten überführt zu werden drohte,[34] blickte in seinem Werk auf staatliche, gesellschaftliche und soziale Zwänge und Normierungen. Diese glaubte er bereits in der autoritären Erziehung der Kinder gegenwärtig. Die junge Generation würde hierdurch von einer freien Entwicklung abgehalten.[35] Strukturell rührte Gross damit an die Rebellion der „missratenen Söhne", die sich, wie es Mühsam beschrieben hatte,

33 Erich Mühsam, Idealistisches Manifest, in: Erich Mühsam. Alarm. Manifeste aus 20 Jahren, Berlin 1924, S. 46–53, hier S. 50–51. Vgl. weiter zur Frontstellung Künstler-Bürgertum auch ders., Appell an den Geist, in: ebd., S. 21–26.

34 Vgl. zu Otto Gross Gerhard M. Dienes, Ralf Rother, Die Gesetze des Vaters. Problematische Identitätsansprüche. Hans und Otto Gross, Sigmund Freud und Franz Kafka, Köln/Weimar/Wien 2003 und Jennifer E. Michaels, Anarchy and Eros. Otto Gross' Impact on German Expressionist Writers, New York 1983. Vgl. weiter auch Jürgen-Wolfgang Goette (Hg.), Anarchismus und Psychoanalyse zu Beginn des 20. Jahrhunderts. Der Kreis und Erich Mühsam und Otto Gross (= Schriften der Erich-Mühsam-Gesellschaft, Bd. 19), Lübeck 2000.

35 Otto Gross, Elterngewalt, in: Die Zukunft, Bd. 65 (1908), S. 78–80.

gegen eben jenen Zwang auflehnten. Gross spricht von echter Kameradschaft, von Gemeinschaft als einem „Verbrüderungsraum", in der eine freiheitliche Existenz lebbar und Glück erfahrbar sei.[36] Ebenjene erachtete er als die Gesündesten, die „Expansionstendenzen" zeigten, welche von der Allgemeinheit unterdrückt würden.[37] Wiederum erinnert dieses Konzept Gross' an jenes der Gemeinschaft der jungen Generation in ihrem Ringen mit dem Bürgertum:

> [Ich bin] mit der bestehenden Gesellschaftsordnung unzufrieden. Ob man Dies als Beweis einer geistigen Störung betrachten kann, richtet sich danach, wie man die Norm der geistigen Gesundheit aufstellt. Nimmt man die Anpassung an das Bestehende als das Normale an, dann wird man die Unzufriedenheit mit dem Bestehenden als Zeichen geistiger Gestörtheit auffassen können. Nimmt man die höchste Entfaltung aller Möglichkeiten, die dem Menschen angeboren sind, als Norm und weiß man intuitiv und aus Erfahrung, daß die bestehende Gesellschaftsordnung die höchstmögliche Entwicklung des Einzelmenschen und des Menschenthums unmöglich macht, dann wird man das Zufriedensein mit dem Bestehenden als Unterwerthigkeit erkennen.[38]

Diese Überzeugung einte viele der „missratenen Söhne" um 1900. Sie forderten mit ihrem Leben und Schaffen den zeitgenössischen, auch im Bürgertum verwurzelten Trend der Individualisierung, der Entwicklung des Selbst, der Innovation und die Orientierung an Wertvorstellungen wie Brüderlichkeit und Freiheit konsequent und mit missionarischem Eifer ein. Das „Missratensein" erweist sich dieser Deutung folgend als eine Spielart innerhalb einer sich pluralisierenden, im Aufbruch befindlichen Gesellschaft am Ausgang des 19. Jahrhunderts.

---

36 Ders., Franz Jung, Von geschlechtlicher Not zur sozialen Katastrophe, Hamburg 2000, S. 46–47.
37 Ders., Die Einwirkung der Allgemeinheit auf das Individuum, in: Die Aktion, Bd. 3 (1913), Sp. 1091–1095.
38 Ders., Der Fall Otto Gross, in: Die Zukunft, Bd. 86 (1914), S. 304–306.

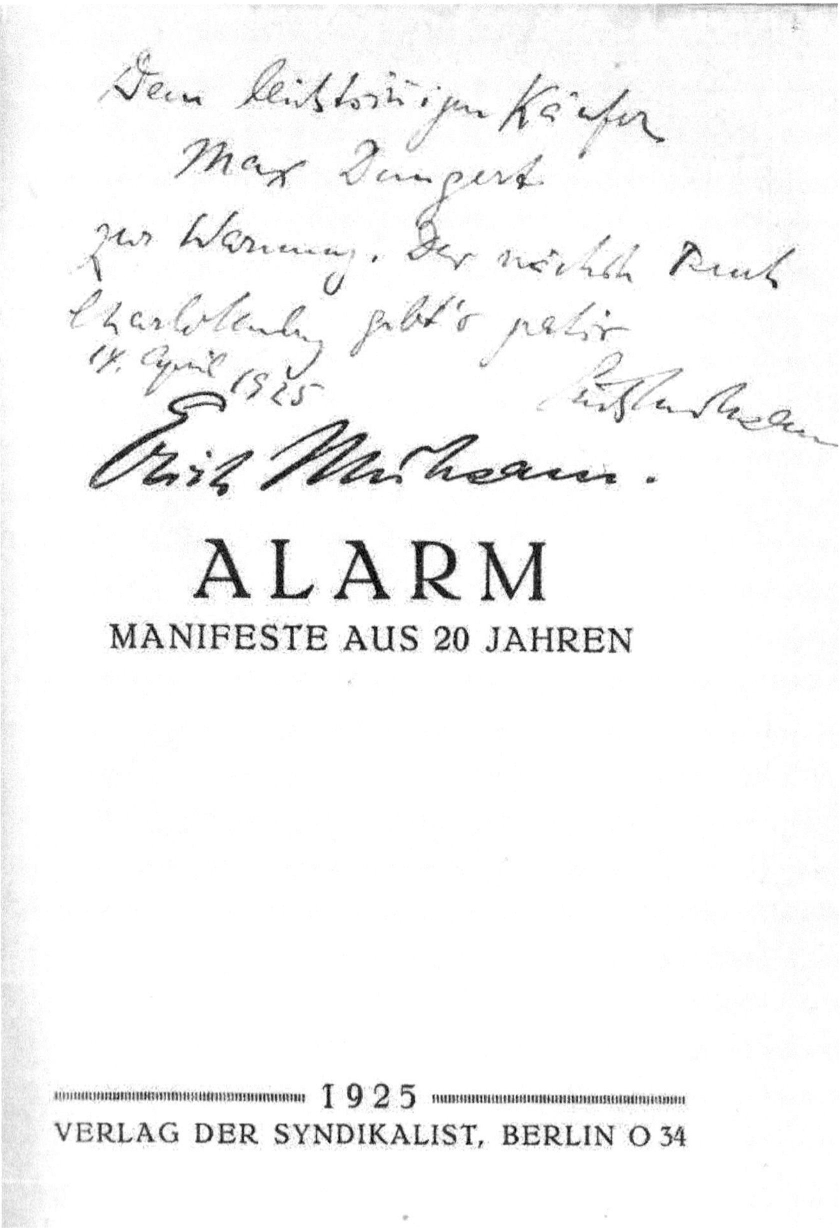
Dem leichtsinnigen Käufer
Max Jungert
zur Warnung.
14. April 1925
Erich Mühsam.

ALARM

MANIFESTE AUS 20 JAHREN

1925
VERLAG DER SYNDIKALIST, BERLIN O 34

Johannes G. Pankau

Frank Wedekind: Ungehorsamer Sohn und subversiver Künstler

Der Plot ist bekannt bis heute: Zwei Gymnasiasten leiden unter einer leistungs- und disziplinfixierten Erwachsenenwelt, dem einen bleibt nur der Selbstmord als Ausweg, der andere wird vom Gymnasium relegiert und in eine Korrektionsanstalt gebracht – er hatte für den Freund ein Pamphlet mit dem Titel „Der Beischlaf" verfasst, das der Vater fand – und mit einem 15-jährigen Mädchen auf dem Heuboden Sex gehabt. Die Lehrer verurteilen den „schuldbeladenen Schüler" (KSA, Bd. II, 2000, S. 296). Dessen Eltern, Angehörige des aufgeklärt-liberalen Bürgertums, diskutieren über die Verfehlungen ihres Sohnes. Während die Mutter die Taten zwar nicht billigt, aber lediglich für Ausdruck jugendlicher Unreife hält, sieht der Vater, Jurist, eine „exceptionelle geistige Corruption" (KSA, Bd. II, 2000, S. 306), also ein Charakterdefizit – er setzt sich mit seiner Forderung nach strenger Bestrafung durch.

Es handelt sich um die beiden Schulfreunde Moritz und Melchior, das Stück heißt „Frühlings Erwachen" und ist bis heute auf dem Spielplan der Theater sowie Schullektüre. Geschrieben hat es der damals 24-jährige Frank Wedekind. Es bezieht sich trotz gewisser biographischer Parallelen nicht auf den Autor selbst – aber auf ein seinerzeit viel diskutiertes Problem: Was ist zu tun mit begabten, selbständig denkenden, neugierigen Söhnen, die den Autoritätsanforderungen der Erwachsenen nicht mehr unhinterfragt folgen wollen? Ein Drama missratener Söhne, mit dem der damals hoch umstrittene Autor an die Öffentlichkeit tritt. Sein eigener Entwicklungsweg lief so dramatisch nicht ab wie das Schicksal der Protagonisten in der Tragödie, aber missraten im Sinne konservativ-traditioneller Wertvorstellungen war sicher auch Wedekind.

Frank Wedekind ist der Prototyp eines skandalösen Autors im wilhelminischen Deutschland; „unartig" war er zwar auch in einem familiären Sinne – im Verhältnis zum Vater – weitaus stärker aber wog die Unbotmäßigkeit den staatlichen und juristischen Autoritäten gegenüber, zählten die bewussten Verstöße bezüglich der Reglementierungen und Usancen im Bereich der Kunst. Von bewusst oppositionellen Handlungen kann dabei kaum je gesprochen werden, ging es dem Autor letztlich immer nur darum, seine künstlerischen Überzeugungen zu realisieren, wobei ihm zunächst nur ein kleiner Kreis von Freunden und Gesinnungsgenossen zur Seite stand – Erich Mühsam gehörte bald dazu. Schwer fällt es auch, einen eindeutig politischen Standpunkt auszumachen, obwohl Wedekind zweifellos ein eminent politischer Autor war; dies zeigt etwa seine Haltung unmittelbar nach Beginn des Weltkriegs, die vielen Zeitgenossen uneindeutig oder gar unverständlich erschien. (Vgl. Vinçon: Erster Weltkrieg 2014) Der Begriff „missraten" ist, dies zeigt gerade der „Fall" Wedekind, von sehr begrenztem Erkenntniswert. Auf die postmoderne „Erlebnisgesellschaft" unserer Tage passt er gar nicht mehr (vgl. Schulze 1992), denn er setzt feste allgemein verbindliche Normen voraus, aber ein Erosionsprozess der Autoritäten jeder Form lässt sich auch im kaiserlichen Deutschland beobachten, er ist Teil einer Modernisierung, die Forderungen nach Autonomie und Emanzipation bringt – einen ersten Individualisierungsschub, der von den avancierten Kräften des Bürgertums getragen wird und sich besonders in der Kunst – nicht zuletzt im Theater – artikuliert. Die Welt der autoritären Väter und strengen Lehrer, der Kasernenhöfe und Paukböden ist durchaus noch präsent – und die Literatur seit dem späten 19. Jahrhundert zeugt davon zur Genüge, Heinrich Manns *Professor Unrat*, auch die *Buddenbrooks* oder Musils *Junger Törleß*, noch bis zur Hassliteratur der jungen Expressionisten gegen die in Routinen und Geboten erstarrten Väter. Auch Frank Wedekinds berühmte Kindertragödie *Frühlings Erwachen* bildet die zeitgenössische Erfahrungswelt der Gymnasiasten hart ab. Sie präsentiert so hilf- wie verständnislose Elternfiguren und krass satirisch ein Lehrerpanoptikum, Professoren mit entlarvenden Namen wie Affenschmalz, Knüppeldick, Hungergurt oder Knochenbruch, Zungenschlag und Fliegentod, die sich in der Lehrerzimmerszene III, 1 ausgerechnet unter den Porträts der Reformer Pestalozzi und Rousseau treffen, um über die Bestrafung eines Schülers zu beratschlagen. Allerdings sind gerade in diesem Drama der schwarzen Pädagogik auch schon Kräfte am Werk, die in eine freiere, lustvolle Zukunft weisen, der freigeistige Schüler Melchior Gabor und der vermummte Herr der Schlussszene.

Die wilhelminische Kultur ist, so kann verallgemeinernd gesagt werden, in einer extremen Weise widersprüchlich, ja zerklüftet. In den Jahrzehnten seit der Reichsgründung wird Deutschland zu einer modernen, expandierenden Industrienation mit innovativen Ansätzen in allen Bereichen der Kultur, zugleich aber herrscht weiterhin eine konservativ-autoritäre Führungselite, ein Bündnis von politisch reaktionärem Bürgertum und Adel mit dem allem Neuen in der Kunst abholden Kaiser an der Spitze. Der Zusammenprall konservativer und modernistischer Tendenzen in fast allen Sektoren von Wirtschaft, Politik, Verwaltung und Kultur bringt die bisher weithin gültigen Maßstäbe ins Wanken. Der Historiker Philipp Blom zeigt diese Erschütterung schon im Titel seines Buches über die europäischen Staaten von 1900 bis 1914: *Der taumelnde Kontinent*. Die Verunsicherung drückt sich bereits zeitgenössisch bei den sensiblen Wissenschaftlern und Künstlern aus, die Veränderung der Bewusstseins- und Interaktionsformen zeigt etwa der Berliner Soziologe Georg Simmel in seinen Arbeiten zur Kultursoziologie, zum Phänomen der Großstadt und Metropolenbildung, aber auch zur Ausbreitung des Geldverkehrs, zum Geschlechterverhältnis und zur Mode.

Gerade Wedekinds Hauptwirkungsfelder – Drama und Theater – werden zum Zentrum der ästhetischen wie weltanschaulichen Debatten seit dem Naturalismus. Gegenüber den vielfältigen Versuchen einer Reform des Theaters, besonders in den Metropolen Berlin, München und Wien standen bis zum Ersten Weltkrieg eine teilweise rigoros gehandhabte Theaterzensur sowie die Unzucht- und Majestätsbeleidigungsparagraphen des Reichsstrafgesetzbuches von 1871. Wedekind war von all diesen Regularien in extremer Weise betroffen. (Vgl. Pankau 1996)

Ein satirisches Gedicht auf die Palästina-Reise des Kaisers mit dem Titel *Im heiligen Land* (erschienen im *Simplicissimus* 1898) brachte ihm eine sechsmonatige Festungshaft ein, die Zensureingriffe vor allem bei seinen zentralen Dramen *Frühlings Erwachen*, *Erdgeist* und *Die Büchse der Pandora* zogen sich über viele Jahre hin.

Zentrum dieser Auseinandersetzungen war München, das sich einerseits gern als liberale Kunststadt feiern ließ, dessen kulturelles Leben aber auch von konservativ-klerikalen Kreisen bestimmt wurde. Die sich vehement gegen Modernismus und „Sittenverwilderung" empörenden Teile des Bürgertums organisierten sich u. a. in ultra-klerikalen Sittlichkeitsvereinen, die seit dem späten 19. Jahrhundert in München und vielen anderen deutschen Städten gegründet wurden. Die erbitterten Diskussionen um die Einführung einer die Strafen für angeblich unsittliche Darstellungen verschärfenden sogenannten *Lex Heinze* um 1900 waren Ausdruck einer Polarisierung und Radikalisierung der Positionen, zeugten aber auch von einer allgemeinen Verunsicherung in Fragen der Kunstfreiheit. (Zum Gesamtzusammenhang der Zensur vgl. Pankau 2005, S. 230 ff.)

Die behördlichen und gerichtlichen Instanzen waren zunehmend irritiert, da über das Verständnis von Unzucht, Pornographie und einer zu schützenden Kunst keinerlei Klarheit herrschte. Aus diesem Grunde wurden sogenannte Zensurbeiräte gebildet, die über den Kunstgehalt der in Rede stehenden Werke befinden sollten, also über Verbot oder mehr oder weniger gravierende Auflagen – Streichungen, Kürzungen, Reduzierung der Aufführungserlaubnis für private Vorstellungen u. Ä. Diese Gutachten, erstellt von prominenten Persönlichkeiten des Kulturlebens, hatten lediglich empfehlenden Charakter – Mitglieder der Kommission waren auch Repräsentanten der liberalen Kunstelite, zeitweise auch der bereits arrivierte Thomas Mann. Dessen Verhältnis zu Wedekind war eher unterkühlt, aber anlässlich des 50. Geburtstags lieferte er der Festschrift einen Beitrag (Thomas Mann. In: Friedenthal 1914, S. 215 ff.). In seinem Text für den Zensurbeirat versuchte Thomas Mann durch eine ausgewogene Argumentation die Position Wedekinds zu stärken, ohne sich mit ihm zu identifizieren. Wedekind erkannte darin – wie auch Mühsam – nur ein Nachgeben gegenüber den reaktionären Kräften. In seinem Gedicht *Münchner Zensurbeirat* kommentierte er sarkastisch:

Und zu solchen Narrenspossen,
Aller Menschenwürde bar,
Bieten heut sich unverdrossen
Lauter Ehrenmänner da.

(Erstdruck in: Zeitschrift *Der Komet*, Jg. I (1911), Nr. 4)

Skandalisierend wirkten weiterhin nicht nur die behandelten Themen, sondern vor allem die Formen ihrer Darstellung. Die Rolle der Frau etwa hatte auch schon im Zentrum naturalistischer Dramen gestanden – man denke nur an Ibsens *Nora* oder *Hedda Gabler*, Wedekind aber zeigte in seinen *Lulu*-Dramen mit bisher im seriösen Theater nicht gekannter Offenheit, Wildheit und Begehren, das „wilde, schöne Tier" (KSA, Bd. III₁, 1996, S. 404), wie es im Prolog zum *Erdgeist* heißt. Und in *Frühlings Erwachen* führte er schockierende „Geschlechtsverirrungen" wie Onanie, Sadomasochismus und Vergewaltigung vor. Der Dramatiker setzte Gesten der Regelverletzung und Tabubrüche als dramaturgische Mittel ein und war trotz gelegentlicher Rückzüge nicht bereit, sein Konzept grundsätzlich zu verändern. Trotz allen Ehrgeizes nimmt er dafür die Position eines Außenseiters in Kauf. Damit ist er natürlich nicht allein, die Literatur der Jahrhundertwende präsentiert zahlreiche solcher Sonderlinge, Oskar Panizza oder Franziska zu Reventlow, aber auch Carl Sternheim und Heinrich Lautensack. Die Literaturwissenschaft richtete ihren Fokus erst spät auf diese Figuren; zu nennen wäre vor allem Hans Mayer mit seiner bahnbrechenden Studie *Außenseiter* von 1975, die bis dato marginalisierte Gruppen ins Zentrum rückt – die Frauen, Juden und Homosexuellen. Helmut Kreuzer würdigte intensiv die für Mühsam wie Wedekind prägende Gruppe in seinem Buch *Die Boheme. Beiträge zu ihrer Beschreibung* von 1968. In gewisser Weise neu entdeckt wurde das dramatische Œuvre Wedekinds vor allem durch die Arbeit einer Editions- und Forschungsstelle unter der Leitung von Hartmut Vinçon, die eine großangelegte Kritische Gesamtausgabe (KSA) erarbeitete und damit in manchen Bereichen seriöse Forschung erst möglich machte.

SPUREN DER KINDHEIT

Frank Wedekind wuchs in großbürgerlichen, fast feudalen Verhältnissen auf einem Schloss in der Schweiz auf. Der die Familie dominierende Vater gehörte zu den Aktivisten der 48er Revolution in Deutschland, politisch liberal und antimonarchisch, die Kinder und besonders der Erstgeborene, verlebten ihre Kindheit in materieller Sorglosigkeit und für die Zeit ungewöhnlicher Freizügigkeit.

Frank Wedekinds Vater war nicht der Typ des autoritären Spießers und Tyrannen, wie er uns häufig in der Literatur seit dem späten 19. Jahrhundert entgegentritt. Der Mediziner Friedrich Wilhelm Wedekind schloss sich bereits im Vormärz den dezidiert demokratischen Kräften an, sympathisierte mit den revolutionären Bestrebungen von 1848 und wanderte im Herbst dieses Jahres wie viele seiner Gesinnungsgenossen nach Nordamerika aus. In San Francisco brachte er es als Arzt und Lokalpolitiker, vor allem aber durch Aktivitäten im boomenden Immobiliengeschäft zu beträchtlichem Ansehen und Wohlstand, fand dort auch seine spätere Ehefrau Friederike Kammerer. Es zog ihn dann doch wieder nach Europa zurück, zunächst nach Hannover, wo 1864 der älteste Sohn Franklin Benjamin geboren wurde. Aber auch hier blieb die sich rasch vergrößernde Familie nicht lange – als sich die Möglichkeit bot, unter recht günstigen Bedingungen ein Schloss in der Schweiz zu erwerben, griff Vater Wedekind zu. Die ganze Familie zog 1872 auf das Schloss Lenzburg im Kanton Aargau, wo Franklin und seine Geschwister ihre Jugend verlebten. Oberflächlich gesehen findet man hier eine familiäre Idylle, fern von materiellen Sorgen in einer Sphäre persönlicher Freiheit, die der Vater im preußischen Bismarck-Deutschland so vermisst hatte. Zu seinem 70. Geburtstag trugen die Söhne in vereinter Anstrengung ein Lobgedicht mit dem Titel *Pilgerfahrt durchs Leben* bei, in dem die Rolle des Vaters beim politischen Aufbruch des deutschen Bürgertums, aber auch die letztendliche Niederlage thematisiert wird:

> Und als ein volles Jahr dahingegangen,
> Da sank die letzte Hoffnung in den Sand:
> Das Volk erdrückt, verzagt in Angst und Bangen!
> Und all' die Besten aus dem Vaterland,
> Sie legten trauernd im erwachten Lenze
> Den welken Traum, mit thränenvollem Blick,
> Und der Verbannung düstre Dornenkränze
> Auf 's junge Grab der Deutschen Republik.

> (In: Vinçon 2014, S. 7)

Trotz der aus diesen Versen sprechenden Verehrung war die Beziehung vor allem des ältesten Sohnes zum Patriarchen doch alles andere als spannungslos. Denn die Ansiedlung in der Schweiz war auch Ausdruck einer großen Unzufriedenheit und Resignation, bedeutete Rückzug aus der öffentlichen Sphäre, der alternde Vater wurde mehr und mehr zum Sonderling und Solitär, die Ehekonflikte der Eltern waren stärker spürbar.

Die andere Seite der Schloss-Idylle waren Sprachlosigkeit, Kälte, Hermetik, Lieblosigkeit. Besonders der früh entwickelte Sohn Frank nahm die sich vertiefenden Krisen der alters- wie charaktermäßig sehr unterschiedlichen Partner sensibel wahr, der zunehmend repressive Vater isolierte sich aus dem Familienzusammenhang, den er dennoch zu bestimmen versuchte. Nicht zuletzt die Wahrnahme dieser Szenen ließen Frank Wedekind die Institution der Ehe zeitlebens mit Skepsis betrachten, was ihn freilich nicht davon abhielt, in seiner eigenen

Ehe mit der Schauspielerin Mathilde Newes, genannt Tilly, das Drama der Eltern zumindest teilweise zu reinszenieren.

Trotz dieser Probleme kostete Frank Wedekind die Freiräume der Jugend aus, ging vor allem seinen ausgeprägten poetischen Neigungen nach, schrieb eifrig Gedichte und Briefe, entwickelte intensive erotische Interessen. Schon bald macht sich neben aller Schwärmerei ein anderer Zug des Autors Wedekind bemerkbar, ein in gewisser Weise sachlicher, oft skeptischer Blick auf die Liebe; Wedekind wird zum Anhänger des gerade modischen philosophischen Pessimismus, den er in der Fassung des Popularphilosophen Eduard von Hartmann über die „philosophische Tante" Olga Plümacher kennen gelernt hatte. Man kann sich den jungen Franklin Wedekind als einen etwas blasierten, dandyhaften Jüngling vorstellen, der Freundschaftsbünde initiierte und Anführer von Gruppen poetisch enthusiasmierter Jugendlicher war.

Bei aller Konventionalität des Ausdrucks finden sich schon charakteristische Züge des Autors Wedekind, der Wille zur Durchbrechung romantischer Mystifikationen, die Ablehnung realistischer Darstellung, die Konzentration auf die Vorgänge des Körperlichen und Triebhaften.

Wedekind wagt auf Schloss Lenzburg kleinere Regelverstöße – im Rahmen des bildungsbürgerlichen Milieus noch tolerable Provokationen. Nach der Matura folgt er zunehmend eigenen Plänen und intensiviert seine Beschäftigung mit Kunst und Literatur. Wedekind geht 1886 zunächst nach Lausanne, und noch im selben Jahr schreibt er sich in München für Jura ein. Den dringenden Wunsch des Vaters erfüllt er aber nur zum Schein – das Theater wird zur Leidenschaft, es entsteht eine Reihe von lyrischen, epischen und dramatischen Werken. Die weitere Entwicklung ist typisch für zahlreiche Künstlerbiographien der Zeit: Der Vater erfährt die Wahrheit und entzieht dem Sohn jede finanzielle Unterstützung, Frank begibt sich nun für eine Zeit in die Dienste des gerade im Aufbau befindlichen Unternehmens Maggi in Kempttal bei Zürich, wird dort Werbechef und initiiert mit Versen und kleinen Zeichnungen Werbekampagnen. Bald kommt es im Hause Wedekind zur *Familienkatastrophe* – so auch der Untertitel des Stücks *Das Friedensfest*, das der Jugendfreund Gerhart Hauptmann 1890 herausbringt. Wedekind hatte den Vater in Wut körperlich angegriffen und niedergeschlagen, fatalerweise Hauptmann davon erzählt, der dies nun begierig als Dramenstoff verwendete. Wedekind wiederum revanchierte sich mit dem Stück *Kinder und Narren*, das nicht nur deutliche Seitenhiebe auf den Konkurrenten enthielt, sondern auch eine erste Abrechnung mit der literarischen Richtung, die fortan Wedekinds Gegner sein wird, dem Naturalismus.

DER ANTINATURALIST

Wedekind hält die naturalistische Dramenform, die selbst in Absetzung vom idealistisch-heroischen Theater des 19. Jahrhunderts entstanden war, für ungeeignet, die Realität der Moderne zu erfassen und darzustellen.

Gegenüber einer inhaltlich gerichteten, mimetischen Produktions- und Inszenierungspraxis rückt Wedekind Momente in den Vordergrund, die bislang in der hohen Tragödie kaum vorkamen: heteronome, auch triviale Formen, Musik, Bewegung, die Nummernstruktur des Circus – Ziel ist eine Körperkunst, die auch thematisch in bisher tabuisierte Bereiche aufbricht: vor allem Sexualität, Lust und Schamlosigkeit. Wedekinds Konzept nahm auf die Gewohnheiten des traditionellen Theaterpublikums wenig Rücksicht: Gegenüber dem bloß Andeutenden, Indirekten, setzt es die Unmittelbarkeit der dramatischen Aktion, die oft als unmoralisch empfunden wurde. Wedekinds Drama legt die Störungen der verbalen wie der körperlichen Kommunikation offen, es dekonstruiert die romantischen Liebesprojektionen mit den Mitteln des „windschiefen" Dialogs, der Parodie und Groteske. Publikum und Kritik verstanden, von Ausnahmen abgesehen, den künstlerischen Anspruch des Dramatikers erst spät – große Teile seiner Karriere waren deshalb von Problemen bei der praktischen Durchsetzung des Konzepts begleitet.

Wedekind beschuldigte die Naturalisten um Gerhart Hauptmann einer – trotz sozialkritischen Gestus – letztlich affirmativen künstlerischen und politischen Tendenz. Bei der literarisch und publizistisch ausgetragenen Kontroverse von Wedekind und Hauptmann handelt es sich im Kern nicht um persönliche Sympathie oder Antipathie, vielmehr stoßen zwei diametral entgegengesetzte poetologische Entwürfe zusammen, damit auch indirekt politische Auffassungen. Zum Zeitpunkt als Wedekind *Kinder und Narren* verfasst – 1890 – ist er 26 Jahre alt, als Dichter noch erfolglos und nur Eingeweihten bekannt. Hauptmanns *Vor Sonnenaufgang*, ein zentrales Drama des deutschen Naturalismus, erschien 1889 im Druck, die Uraufführung fand im selben Jahr statt. Das Skandalstück *Die Weber* wurde dann 1892 publiziert – die Premiere war nach einem zeitweiligen Aufführungsverbot am 25. September 1894 in Berlin. Hauptmanns Darstellung des Weberaufstands von 1844 schockierte weite Teile des konservativen Theaterpublikums – Wilhelm II. kündigte wütend seine Loge für die erste Aufführung am Deutschen Theater. Hauptmann war mit den *Webern* zu einer öffentlichen Figur avanciert, verdächtigt der sozialdemokratischen Agitation, nahm bald aber von dem rebellischen Image Abschied und wurde zunehmend zu einem in der bildungsbürgerlichen Öffentlichkeit geachteten Autor. Wedekind dagegen erreichte einen gewissen Durchbruch erst 1906 mit der Uraufführung von *Frühlings Erwachen* in der Regie von Max Reinhardt am 20. November an den Berliner Kammerspielen, blieb aber auch danach immer wieder von Zensur und Aufführungsverbot betroffen. Schon in der Auseinandersetzung der jugendlichen Autoren unterstellt Wedekind dem älteren Kollegen die Kollaboration mit den herrschenden konservativen Kräften. In der Jugendkomödie *Die junge Welt* tritt der Dichter Franz Ludwig Meier auf, eine scharf satirisch gezeichnete Verkörperung Hauptmanns, der ständig observierend mit einem Notizbuch durch die Welt läuft und von dem gesagt wird: „Wenn sich der Realismus überlebt hat, werden seine Vertreter ihr Brot in einem Detektivbureau finden." (KSA, Bd. 2, 2000, S. 242 f.)

Gerade der Versuch des Dramatikers, der äußeren Realität in unmittelbarer Darstellung habhaft zu werden, stellt für Wedekind einen heimlichen Pakt mit den Mächtigen dar. Subversivität und Affirmation sind gemäß Wedekinds Credo keine bloß inhaltlichen Kategorien, sie ergeben sich vielmehr aus dem ästhetischen Prozess und dessen Implikationen selbst. Wenn man also von einem radikal kritischen Anspruch reden will, so liegt er in der Struktur der Texte selbst. Dies betrifft insbesondere die Darstellung von Weiblichkeit und Sexualität. Teil des dramatischen Verfahrens ist die Durchkreuzung traditioneller Elemente des „hohen" Tragischen mit modernen Formen der Komik, Satire, gar Groteske. So wird *Frühlings Erwachen* im Titel eine *Kindertragödie* genannt, enthält aber neben durchaus realistischen Passagen (für jede Szene gebe es eine Entsprechung in persönlicher Erfahrung, sagte der Autor) auch satirisch überspitzte oder surreale Elemente wie die Lehrerzimmerszene und den Auftritt des vermummten Herrn in der letzten Szene. Wedekind stellte sich gegen vereindeutigende und verharmlosende Interpretationsarten – so die Typisierung als Aufklärungsstück oder Trauerspiel im traditionellen Sinne. Stattdessen hob er einen vielfach ignorierten Moment hervor: den Humor, der die Autoritäten entlarvt. Immer wieder weist er in Stellungnahmen darauf hin, dass Kritik und Publikum sein Stück insofern falsch interpretiert hätten, als sie die unterliegenden humoristischen Elemente und deren Funktion im Gesamttext nicht verstanden hätten:

> Während der Arbeit bildete ich mir etwas darauf ein, in keiner Szene, sei sie noch so ernst, den Humor zu verlieren. Bis zur Aufführung durch Reinhardt galt das Stück als reine Pornographie. Jetzt hat man sich dazu aufgerafft, es als trockenste Schulmeisterei anzuerkennen. Humor will noch immer niemand darin sehen. (Wedekind, GW 9, S. 424)

Über den Bezug der Handlung, die auf einen Vorfall von 1883 in der Kantonsschule in Aarau zurückgeht, schrieb Wedekind an den Schulfreund Adolph Vögtlin:

> Letzten Freitag schwänzte Frank Oberlin die Schule. Samstagmorgen um 4 Uhr nimmt er sein Geschichtsbuch und geht in den Schachen, um Geschichte zu repetieren. Zwei Stunden später, um 6 Uhr, fand man seinen Leichnam, der in der Telli von der Aare aufs Land geworfen war. Wie er umgekommen, weiß niemand zu sagen. […] Die Gedanken eines Pessimisten über diesen Vorfall wirst Du errathen. Ich umgehe also ihre Mitteilung. (Wedekind: GB 1, S. 26 f.)

Bei dem genannten Pessimismus handelt es sich nicht allein um eine Pose. Neben dem Lob der Sinnlichkeit steht bei Wedekind auch später die Darstellung des Scheiterns angesichts versteinerter, männlichkeitsdominierter gesellschaftlicher Verhältnisse, etwa in den *Lulu*-Dramen. Aber auch in der eigenen Erfahrung, wie sie etwa in den Tagebüchern aus den Pariser Jahren ab 1891 niedergelegt ist. Bei der Registrierung des erotischen Reizes der Pariser Kokotten schiebt sich in das Lusterlebnis immer wieder eine kalt sezierende Beobachtung menschlichen Elends: „Une certaine froideur du cœur." (Vgl. Schneider 1987)

Hier liegt auch eine Trennlinie zum schwärmerischen Erotismus der Jahrhundertwende, der uns bei Autoren wie Dehmel oder Liliencron, aber auch bei Mühsam entgegen tritt. Eine Sehnsucht nach Auflösung der tief empfundenen Widersprüche lässt sich auch bei Wedekind bemerken – dies nicht nur in der Jugendlyrik, aber entsprechende ästhetische Projekte bleiben fragmentarisch (*Mine-Haha* oder in der Gesellschaftsutopie *Eden*) oder münden in satirisch-grotesker Dekonstruktion (*Hidalla*). (Vgl. zum Interesse an Lebensreform-Projekten u. a. bei Hauptmann – etwa seine Beteiligung am sogenannten Pacific-Projekt, jetzt Timm 2017)

WEDEKIND UND MÜHSAM

Frank Wedekind und Erich Mühsam sind sich verbunden in der gemeinsamen Partizipation an dem, was man als Münchner Bohème der Vorkriegszeit bezeichnet, an den subkulturellen Szenen Schwabings mit ihrer Café-, Theater-, Festkultur. In wehmütigen, teilweise idealisierenden Erinnerungsbüchern haben viele der Beteiligten später auf diese von der Kriegs- und Nachkriegserfahrung her recht harmonisch wirkende Zeit zurückgeblickt, Hanns von Gumppenberg, Max Halbe, Hermann Sinsheimer oder eben auch Erich Mühsam, der sich immer wieder gerade mit Persönlichkeit und Rolle Wedekinds auseinandersetzte.

Die Bohème-Szene hatte eine Affinität sowohl zum politischen Anarchismus (vgl. Kreuzer, 50), dem Mühsam zuneigte, als auch zu den diversen Formen der Theateravantgarde, deren Teil Wedekind war – wobei es vielfältige Verbindungslinien zwischen beiden Szenen gab.

Anatol Regnier, Enkel Wedekinds, nennt Mühsam in seiner Biographie mit Recht „eine(n) der treuesten Wedekind-Freunde". (Regnier 2008, S. 382) Auch wenn Wedekind sich nicht aktiv als Mitkämpfer in politischen Bewegungen betätigte und dem politischen Anarchismus eher fern stand, so ergaben sich Berührungspunkte doch immer wieder aus den Geselligkeitsformen der Bohèmekreise, in Fragen der Literatur und des Theaters, vor allem aber beim Kampf gegen staatliche Repression des künstlerischen Ausdrucks (Zensur) und bei Kampagnen gegen die politische Justiz. Mühsam, der zehn Jahre jüngere, lebte von 1909 bis 1924 in Schwabing und war dort mit den zentralen Künstlerfiguren bekannt oder befreundet, Wedekind ging 1889 nach München – im Anschluss an Auslandsaufenthalte und Reisen zog er dann 1908 endgültig in die bayerische Metropole, wo er bis zu seinem Tode 1918 lebte.

Mühsam beteiligte sich, wie teilweise auch Wedekind, an öffentlichen Aktionen gegen Eingriffe in die Kunstfreiheit. Ein wichtiges Instrument war der Goethebund – u. a. von Ludwig Thoma, Max Halbe und Erich Mühsam als Verein zum Zwecke der Abwehr der sogenannten *Lex Heinze* mit einem großen Festakt am 15.3.1900 in München und danach in anderen Großstädten gegründet, der sich in Versammlungen, Vorträgen u. a. auch für Werke Wedekinds einsetzte und Publizität für die Fragen der künstlerischen Freiheit schaffte. Die neue Organisation war in Zusammensetzung und Tendenz keineswegs einheitlich, in ihren Forderungen moderat und von Teilen des liberalen Bildungsbürgertums getragen. Der Goethebund hatte von Beginn an auch eine konservative Tendenz, die schnell zu Auseinandersetzungen mit den beteiligten Avantgardekünstlern und schließlich auch zum Bedeutungsverlust führte. Kritik an der konservativ-liberalen Positionierung des Bundes übte etwa der Kritiker Leo Berg in seinem bekannten Buch *Gefesselte Kunst* von 1901, der zu den Aktionen des Vereins bemerkte, „daß kein Vernünftiger bei einigem Nachdenken auch nur das geringste Vertrauen haben durfte." (Berg 1901, S. 11)

Wedekind und Mühsam waren einerseits große Kommunikatoren und genossen die Gemeinschaft der Künstler in den Torggelstuben oder im Café Luitpold, aber sie waren – wie Max Halbe u. a. – auch extreme Individualisten, eigenartig und eigensinnig in äußerem Habitus und Neigungen – beide liebten Circus, Varieté und das Kabarett, teilten die Vorliebe für populäre, gesellschaftlich nicht akzeptierte Kunstformen. Wedekind gab sich zwar in Kleidung und gesellschaftlichem Verhalten betont formell, distanzierte sich damit aber zugleich vom *juste milieu* – wie Mühsam ein Außenseiter aus Überzeugung. Der Marquis von Keith, den Wedekind selbst häufig darstellte, beschreibt sich selbst: „Meine Begabung beschränkt sich auf die leidige Tatsache, daß ich in bürgerlicher Atmosphäre nicht atmen kann." (KSA, Bd. 4, 1994, S. 156)

Der Marquis, eine der berühmtesten Figuren Wedekinds, ist Hochstapler, Betrüger und ein Parasit der wohlanständigen Münchner Gesellschaft, als nicht dazu Gehöriger, als Paria, versucht er die geachteten Brauereibesitzer zu betrügen, um festzustellen, dass sie letztlich die größeren Gauner sind. Wedekind ruft ein Milieu auf, das ihm vertraut war, die *demi monde*, die auch in den *Lulu*-Stücken als Schauplatz fungiert. Dem Bürgerlichen entgegengesetzt ist auch die Bohème, die Mühsam in seinem Aufsatz aus der *Fackel* (Nr. 202, 30. April 1906, S. 4–10), zu bestimmen versucht, wobei er von der politischen Wirksamkeit und vom Veränderungswillen gesellschaftlicher Gruppen ausgeht.

Da das Proletariat vor allem durch die bürokratische Politik der Sozialdemokratie für grundlegende Veränderungsprozesse mehr oder weniger verloren sei, müssten Randgruppen – *outsider* – ein revolutionäres Potential entfalten, konkret die Verbrecher, die Huren und die Künstler. Alle drei Gruppen verweigern sich nach Mühsam der gesellschaftlichen Nutzarbeit. Das Bohèmehafte ist für ihn eine universelle „Eigenschaft, die tief im Wesen des Menschen wurzelt, die weder erworben oder anerzogen werden, noch durch die Veränderung der äußeren Lebenskonstellation verloren gehen kann." (Mühsam 1906, S. 8) Positiv im Sinne Mühsams sind „die radikale Skepsis in der Weltbetrachtung, die gründliche Negation aller konventionellen Werte". Der Bohemien ist der Sonderling, die lebendige Negation des Bestehenden.

Huren, Verbrecher, Künstler bilden auch das Personal in Wedekinds Dramen, vom Malermodell Ilse in *Frühlings Erwachen* über den Hochstapler Keith bis zu den Halbweltgestalten der *Lulu*-Dramen. Wedekind verlegt in den Außenseiterstatus der Figuren zugleich deren Scheitern – von Ausnahmen abgesehen wie Melchior in *Frühlings Erwachen*, dessen weitere Entwicklung offen bleibt

In den beiden männlichen Zentralgestalten Melchior und Moritz werden auch Möglichkeiten durchgespielt, mit Leistungsdruck, Autoritarismus und Sadismus der Erwachsenengeneration umzugehen. Moritz bleibt nur der Weg in den Tod, das finale Angebot des Mädchens Ilse, ihm sinnliche Erfüllung zu bieten, kann er nicht annehmen. Der Selbstmord ist eine Zwangshandlung an sich selbst – passiv und ohne klaren Blick auf die Zukunft vollzogen. Wedekinds eigene Position, die zumindest ansatzweise in der Haltung Melchiors gestaltet wird, ist die der Erkenntnis und einer Praxis, die Möglichkeiten eröffnet.

Den meisten anderen Figuren Wedekinds ist dagegen bei allem Willen zum Leben doch das Scheitern tief eingeschrieben. Sie zeigen eine teilweise groteske Brüchigkeit, die sie ihr eigenes Programm notwendig verfehlen lässt. So bei dem fanatischen Weltverbesserer Karl Hetmann, der seinem eigenen Schönheitsbund wegen seiner konstitutiven Hässlichkeit nicht beitreten kann. Die Prostitution erscheint auch Wedekind faszinierend – wie viele seiner Zeitgenossen spielt auch er mit den Phantasien eines lustbetonten Hetärismus, die Dramen entfalten aber Versuchsanordnungen, denen jede Idyllisierung und Harmonisierung abgeht. Besonders augenfällig macht das die *Lulu*-Figur mit ihrem Ende im Elend der Prostitution und als Opfer des Lustmörders Jack the Ripper. Auch der Marquis von Keith gerät bei all seiner Projekteschmiederei in eine zirkuläre Abwärtsbewegung, die vom ursprünglichen Ziel immer wieder weg führt.

Die von Mühsam in seinem Bohème-Aufsatz zu revolutionären Subjekten erklärten Gruppen treten also auch bei Wedekind auf, allerdings in einer gewissermaßen deformierten, entblößten Form, nämlich in ihrer oft geradezu grotesken Inkongruenz mit der Realität von Exploitation und Entstellung. Positive Bestimmungen, wie sie in Mühsams Denken möglich sind, können kein Bestandteil von Wedekinds Dramen werden – trotz aller immer wieder unternommenen Versuche der Protagonisten.

KAMPF GEGEN DIE ZENSUR

Verbunden sind Wedekind und Mühsam vor allem in ihrem aktiven lebenslangen Kampf gegen die Zensur. Hartmut Vinçon fasst zusammen:

> Wedekind kämpft nicht nur für sich. Er unterstützt durch Protest-Artikel auch andere, von der Zensur betroffene Schriftsteller, wie z. B. Erich Mühsam, Otto Borngräber und Herbert Eulenberg. Er kämpft für die Abschaffung der Zensur und sucht das politische Establishment, welches auf der Institution der Zensur beharrt, öffentlich anzuklagen. Sein Kampf ist kein Kampf für partiale Rechte, sondern ein Kampf gegen das staatlich legitimierte Unrecht, die Freiheit des Wortes und der Kunst zu unterdrücken. Es ist ein Kampf für und um Menschenwürde und Menschenrecht. Dieser Kampf politisiert ihn und er ist wenig erfolgreich. Wedekind wird ihn schließlich verlieren. (Vinçon 2014, S. 217)

In einem Brief Tillys an ihren Mann heißt es:

> Inzwischen war ich in einer „Protestversammlung gegen die Polizeizensur" in der Schwabinger Brauerei, in der Mühsam sprach […] Es interessierte mich sehr, denn ich hoffte etwas über Dich zu hören. […] ich habe noch nie eine so interessante Versammlung mitgemacht. Es wurde sehr viel über „Simson" gesprochen u. vor Allem gegen die Zensur überhaupt. Zum Schluss wurde eine Resolution gegen die Zensur mit großer Stimmenmehrheit angenommen. Es waren fast keine Bekannten, hauptsächlich Schwabinger Jugend u. ich glaube auch viele Münchner Spießbürger. Protestversammlung (Vincon 2014, S. 24)

Auch wenn Wedekind und Mühsam politisch durchaus in manchen Fragen divergieren, so eint sie doch – neben der persönlichen Sympathie und der Teilhabe an den Geselligkeitsformen der Schwabinger Bohème – vor allem die Unbedingtheit und Kompromisslosigkeit im Kampf gegen die Zensur. Mühsam trug zur von Joachim Friedenthal und anderen 1914 herausgegebenen Festschrift zum 50. Geburtstag des Dichters einen Text bei, in dem er neben das Lob des Gefeierten, des „besten Manne unter uns" eine Kritik an der Zaghaftigkeit vieler Kollegen stellt:

> Und wir stehen da und diskutieren noch, wie man die Befugnisse der Zensur vielleicht ein wenig unter Kontrolle stellen könnte, statt die selbstverständliche Forderung mit jedem möglichen Nachdruck in die Massen zu tragen: fort mit dem ganzen Krempel, der uns blamiert und herabwürdigt! Wir sehen uns gemütsruhig mit an, wie Männer aus unserer eigenen Mitte, Literarhistoriker, Künstler, Schauspieler, selbst wertvolle Dichter sich von der Polizei benützen lassen, um mit ihren guten Namen die Mundtotmachung unserer Dramatiker zu decken. (Mühsam. In: Friedenthal 1914, S. 233)

Mühsams Text endet mit einem Aufruf zum rigorosen Abwehrkampf gegen die „polizeiliche Tugendlichkeit":

Wenn das Bekenntnis zu Frank Wedekinds Kunst gleichzeitig der Beginn ist zu einem umfassenden Kampf gegen die Institution, die ihm die bittersten Stunden und den schwersten Schaden bereitet hat, dann wird sein fünfzigster Geburtstag über die Feststimmung des 24. Juli hinaus als ein Ruhmestag deutscher Kultur dauernde Weihe erhalten. (Ebd.)

Mühsams Hoffnung erfüllte sich bekanntlich nicht: In seinen Memoiren merkte er dazu an: „Acht Tage nach diesem Geburtstagsfest stand die Welt in Flammen." (Mühsam 1927/29, Kap. 24) Der Beginn des Ersten Weltkriegs machte den demokratischen Bestrebungen vorerst ein Ende – Wedekinds Krankheit verschlimmerte sich kontinuierlich, ließ ihn weitgehend arbeitsunfähig werden und führte am 9. März 1918 zum frühen Tod.

Mühsam beschäftigte sich immer wieder mit Wedekind als Person, Dichter und öffentliche Figur – nicht zuletzt ausführlich in seinen Tagebüchern und den *Unpolitischen Erinnerungen* von 1931 (besonders Kapitel 24 „Frank Wedekinds letzte Jahre"). Die Tiefe der Beziehung zu Wedekind fasst Mühsam in diesem Schlusssatz zusammen: „Die Erde, die über die sterblichen Reste Frank Wedekinds rollte, sie begrub zugleich meines eigenen Lebens musische Leichtigkeit." (Mühsam 1978, S. 662)

Wedekind und Mühsam waren zeitweise in einem intensiven Gesprächsverhältnis über künstlerische, psychologische, aber auch politische Fragen. In einem Tagebucheintrag vom 23. Oktober 1911 notierte Mühsam etwa, dass er und Wedekind sich aus der allgemeinen Runde der Torggelstube in einen separaten Raum zurückzogen, um eingehender über ein Problem reden zu können, zu dem Wedekind von einer Zeitschrift um eine Stellungnahme gebeten worden war.

Er gab mir eine Rundfrage der „Zeit" über den tripolitanischen Krieg, und las mir seine Antwort darauf vor. Sie lautet dahin, daß Wedekind mit Italiens Vorgehen ganz einverstanden ist, da der Islam in Europa keine Existenzberechtigung mehr habe. Ich war entsetzt und entwickelte meinen Standpunkt, indem ich die Angelegenheit ganz von der sozialen und allgemein menschlichen Seite her betrachtete. Da Wedekind mir den Brief der „Zeit" mitgab, werde ich im „Kain" die Sache behandeln. (Mühsam TB Heft 7, 23.10.1911)

Will man die Gemeinsamkeiten von Mühsam und Wedekind zusammenfassen, so liegen sie einerseits in der Zugehörigkeit zu einer alternativen Subkultur mit dem Versuch neue Ausdrucks- und Lebensformen zu entwickeln, politisch in der Abwehrstellung einer wilhelminischen Obrigkeitskultur gegenüber.

Und natürlich verband auch die andauernde Beschäftigung mit dem Geschlechterproblem die beiden rebellischen Söhne. In sein Tagebuch notiert Mühsam am 20.8.1910 zu *In allen Wassern gewaschen*, aber auch allgemein zu Wedekinds Werk: „Immer wieder bei Wedekind das Problem der Weiber, immer wieder der Versuch, die letzten Tiefen des Sexuellen in der Frauenpsyche auszuforschen. […]" (Mühsam TB Heft 1, 29.8.1910)

Literatur

Berg, Leo: Gefesselte Kunst. Berlin 1901.

Blom, Philipp: Der taumelnde Kontinent. Europa 1900–1914. München 2009.

Falckenberg, Otto, Hrsg.: Das Buch von der Lex Heinze. Ein Kulturdokument aus dem Anfange des zwanzigsten Jahrhunderts. Leipzig 1900.

Friedenthal, Joachim, Hrsg.: Das Wedekindbuch. München/Leipzig 1914.

Gumppenberg, Hanns v.: Lebenserinnerungen. Aus dem Nachlaß des Dichters. Berlin 1929.

Halbe, Max: Jahrhundertwende. Geschichte meines Lebens 1893–1917. Danzig 1935.

Kreuzer, Helmut: Die Boheme. Beiträge zu ihrer Beschreibung. Stuttgart 1968.

Mayer, Hans: Außenseiter. Frankfurt/M. 1975.

Mühsam, Erich: Bohême. In: Die Fackel (1906), Nr. 102, S. 4–10.

Mühsam, Erich: Frank Wedekind und die Zensur. In: Das Wedekindbuch. Hrsg. v. Joachim Friedenthal, S. 229–233.

Mühsam, Erich: Namen und Menschen. Unpolitische Erinnerungen. In: Ausgewählte Werke, Bd. 2, Berlin 1978, S. 654–662.

Mühsam, Erich: Tagebuch. Online-Edition: http://www.muehsam-tagebuch.de/tb/index.php

Pankau, Johannes G.: Polizeiliche Tugendlichkeit: Frank Wedekind. In: Schriftsteller vor Gericht. Verfolgte Literatur in vier Jahrhunderten. Hrsg. v. Jörg-Dieter Kogel. Frankfurt/M. 1996, S. 142–170.

Pankau, Johannes G.: Sexualität und Modernität. Studien zum deutschen Drama des Fin de Siècle. Würzburg 2005.

Regnier, Anatol: Frank Wedekind: Eine Männertragödie. München 2008.

Schneider, Manfred: Erotische Buchhaltung im Fin de siècle. Über Walters „Viktorianische Ausschweifungen" und Frank Wedekinds „Tagebücher". In: Merkur 41 (1987), S. 432–437.

Schulze, Gerhard: Die Erlebnisgesellschaft. Kultursoziologie der Gegenwart. Frankfurt/M. 1992.

Sinsheimer, Hermann: Gelebt im Paradies. Erinnerungen und Begegnungen. München 1953.

Timm, Uwe: Ikarien. Roman. Köln 2017.

Vinçon, Hartmut: „Am Ende war ich doch ein Poet …": Frank Wedekind: Ein Klassiker der literarischen Moderne. Werk und Person. Würzburg 2014.

Vinçon, Hartmut: Frank Wedekind und der Erste Weltkrieg. Hinweise auf unbekannte Texte und Zusammenhänge zu einem umstrittenen Thema. In: literaturkritik-de. Ausgabe 8 2014 (http://literaturkritik.de/public/rezension.php?rez_id=19610).

Wedekind, Frank: Was ich mir dabei dachte. In: Gesammelte Werke. 9 Bde. München 1912–1921. Bd. 9, S. 419–455.

Wedekind, Frank: Gesammelte Briefe. Hrsg. v. F. Strich. 2 Bde. München 1924

Wedekind, Frank: Die Tagebücher. Ein erotisches Leben. Hrsg. v. G. Hay. Frankfurt/M. 1986.

Wedekind, Frank: Kritische Studienausgabe [KSA]. Darmstädter Ausgabe Hrsg. v. Elke Austermühl et al. 15 Bde. Darmstadt 2007 ff.

ERICH MÜHSAM

DIE
FREIVERMÄHLTEN

POLEMISCHES SCHAUSPIEL

IN DREI AUFZÜGEN

MÜNCHEN KAIN-VERLAG 1914.

Ein Drama kann fast jeder brauchen.
Doch muß man auch Zigarren rauchen.
Zur Erinnerung an die goldnen Sinnsprüche
aus Mittelwollbein –
meinem lieben Erich Ebstein

Braunschweig d. 3. April
1915
Erich Mühsam.

Dem Hidalla-Dichter

Frank Wedekind

in Verehrung zugeeignet.

Christian Schwandt

Franz Jung: „Aufbruch und Ausbruch"

Ein Porträt des Schriftstellers und Journalisten Franz Jung

„Steckbrief: Hamburg, den 28. November 1921. Gegen den Schriftsteller Franz Jung, welcher flüchtig ist bzw. sich verborgen hält, ist die Untersuchungshaft wegen Beihilfe zur Meuterei und Freiheitsberaubung verhängt. Es wird ersucht, denselben zu verhaften und hierher zum Aktenzeichen E IV 1191/20 Nachricht zu geben. Die Staatsanwaltschaft."

Als Schiffsentführer ist er berühmt geworden – ein seltsamer Fall: Vielschichtiger, widerspruchsvoller, anregender sind nur wenige erfundene Charaktere. Sicherlich: Es ist ein fragwürdiges Verfahren, bei einem Schriftsteller, dessen Werkausgabe fünfzehn Bände umfasst und der als Autor Beachtung und Würdigung finden soll, die Reize der Biographie hervorzuheben. Aber doch fesselt und fasziniert Franz Jung vor allem durch seine Persönlichkeit, diese Mischung aus Beharrlichkeit und Flucht, Menschenliebe und Unerbittlichkeit, Weitsicht und Ressentiment. In einem Porträt der Vossischen Zeitung vom 22. Dezember 1920 heißt es:

Diese wunderbar hochgetürmte, eckige Stirn. Unter dem starken Jochbein ein Paar unruhige, scharfe, graue Augen, die so mild und menschenfreundlich aufleuchten konnten. Ein schmaler, gekniffener Mund und ein zartes Kinn mit einer Narbe, die (aus verschwundener Zeit!) von einer Mensur herrührte. Dieses Gesicht, auf dem innere und äußere Kämpfe so hart ausgeprägt waren, konnte kindlich und weich, ja geradezu schön sein [...]. Es konnte aber auch verschlossen und hart sein, wenn Jung Trägheit, seelische Versumpfung und Kleinlichkeit spürte. Da flammte er auf.

Franz Jung war lange ein fast vergessener Autor. Seine Romane und Erzählungen wurden kaum noch gelesen, seine Stücke nicht aufgeführt. Manche erinnern sich an seine Biographie – die Geschichte eines Mannes ohne Zuhause, die Geschichte eines linken Schriftstellers und Journalisten, den es durch Europa und Amerika trieb, immer auf der Suche nach einer intellektuellen oder auch nur wirtschaftlichen Lebensbasis. Jung war ein Autor für Interpreten und Schriftsteller geworden. Oskar Maria Graf notiert in seinen Erinnerungen:

Geistig geradezu hörig bin ich ihm in den Zwanziger Jahren gewesen. [...] Eine ganze Anzahl durchaus nicht wertloser Männer haben Franz Jung in einer blinden, beinahe hündischen Kameradschaft angehangen.

Fasziniert haben die Eigenheiten des Autors Franz Jung auch andere. Max Hermann-Neisse rühmte 1924:

Unter den zeitgenössischen deutschen Schriftstellern ist mir keiner bekannt, der in seiner künstlerischen Entwicklung so konsequent immer Schritt hielt mit der Entwicklung seiner Epoche [...]

Und der ehemalige Feuilletonchef der Frankfurter Allgemeinen Zeitung Hans Schwab-Felisch, der Jung von Kindheit an kannte, hielt ihn für „den Inbegriff des Abenteurertums, des Lebens außer der Norm, des Aufbruchs und des Ausbruchs."

Seit 1990 erlebt Jungs Werk eine kleine Renaissance. In der Literatenszene des Prenzlauer Berges um die Zeitschrift „Sklaven" erfuhren seine Arbeiten eine Wertschätzung wie seit den frühen expressionistischen Tagen nicht mehr. Mit Fritz Mierau, dem Jessenin-Biographen und Pasternak-Herausgeber, konnte einer der angesehensten ostdeutschen Literaturwissenschaftler für seine in der Edition Nautilus erschienene Werkausgabe gewonnen werden. Der von Mierau herausgegebene Briefband wurde von der Darmstädter Jury Anfang 1997 zum Buch des Monats gewählt. Wie weit die Jung-Verehrung gehen kann, sei mit einem Zitat belegt. Lutz Schulenburg, Verleger der Edition Nautilus, schreibt aus Anlass von Jungs hundertstem Geburtstag:

Solch ein Werk verschwindet nicht, es taucht höchstens, wie sein Schöpfer, für eine Weile unter. [...] Die Bücher Jungs gehören zum menschlichen Reservefonds, aus dem die Bemühungen um erneuernde Perspektiven sich herauskristallisieren. Ein Reservoir, das jeder einzelne für sich erschließen kann, um die eigenen Kräfte zu vitalisieren.

Menschlicher Reservefonds – das ist wahrscheinlich ein wenig hoch gegriffen. Franz Jung ist ein eigentümlich unzugänglicher Schriftsteller, mit dem die Begegnung dennoch lohnt. Wer das Grauen vor der Routine, die Abscheu vor Gewohnheiten, aber auch den Aufbruch und das politische Feuer der Zwanziger Jahre literarisch gestaltet sehen möchte, ist bei seinem Werk gut aufgehoben.

Franz Jung ist – wie Sie im Laufe des Vortrages sehen werden – mit Sicherheit ein „Missratener Sohn". Und er ist einer der originellsten und intelligentesten Gesellschaftskritiker des Zwanzigsten Jahrhunderts. Unter die Überschrift „Generationenkonflikte als Gesellschaftskritik" lässt sich sein Leben und sein Werk jedoch nur bedingt subsumieren. Das „als" passt nicht so richtig.

Franz Jung wird 1888 im oberschlesischen Neiße geboren. Er entstammt einem kleinbürgerlichen, aufstiegsorientierten Milieu. Sein Vater ist Uhrmacher. 1905 gibt er das Geschäft auf, um Stadtverordneter und später Stadtrat zu werden. Er spielt eine führende Rolle in der Raiffeisen-Bewegung, leitet die örtliche Genossenschaftsbank.

Als Erster seiner Familie besucht der Sohn Franz die Universität. Nachlässig und ziellos studiert er Jura und Nationalökonomie in Jena, Breslau und München. Mehrmals bricht er aus, versucht sich als Zuhälter und Berufsspieler, folgt der Tingeltangel-Tänzerin Margot nach St. Petersburg. Doch der Besitzer des dortigen Flora-Varietés schätzt es gar nicht, wenn seine Tänzerinnen, die ihr Geld in den Séparées verdienen sollen, von mittellosen Beschützern begleitet werden. Jung strandet, schnorrt sich durch, übernachtet vier Wochen auf Parkbänken. Morgens stoßen ihn Wächter und Polizisten an, um festzustellen, ob er noch am Leben ist. Nur mit Mühe entkommt er dem berüchtigten Petersburger Arbeitshaus.

Noch während des Studiums stürzt er sich in den Journalismus und die politisch-literarische Bohème von München und Berlin. Mit den Freunden von der anarchistischen Gruppe „Tat" um Erich Mühsam hausiert und bettelt er in München oder wandert zur Hopfenernte in die Holledau. Jung erinnert sich an diese Zeit:

> Ich hatte mich dem Kreis um Erich Mühsam angeschlossen. Gustav Landauer war unser Prophet. [...] Um es hier vorwegzunehmen, die verschiedenen anarchistischen Gruppen, die ich im Laufe der Jahre kennengelernt habe [...], singen alle an einem Choral – das Lied von der Freiheit, das wie ein Gebet gesprochen wird und nichts und alles enthält. Ich habe nur einfältige bescheidene Leute getroffen, abgestuft im Grade der Einfalt [...], von ausgesprochen kleinbürgerlichem Zuschnitt mit der Sehnsucht nach einer Moral, die den Einzelnen und die Menschheit leiten wird.

Franz Jung lernt die Lebensumstände kennen, die er später in seinem Roman „Hausierer" schildern wird. In einer Drückerkolonne verkauft er die „Berliner Illustrierte", handelt auf unterster Ebene mit Altkleidern und verdingt sich mit anderen Vagabunden und Tippelbrüdern als Tagelöhner. Seine Ehe mit Margot besteht schon bald nur noch auf dem Papier. Jung lernt Oscar Maria Graf kennen. Nächtelang trinken und reden sie in den Schwabinger Spelunken und Kneipen. Graf schreibt über diese Zeit:

> Schamlos wurde das Verborgene dem Inneren entrissen. Seelisch nackt focht man miteinander. Mit einem ätzenden Zynismus und entwaffnend grober Offenheit verbohrte, beschimpfte und reizte man sich bis zum Äußersten, und es entstand eine kaum mehr zu ertragende Stimmung, welche die Streitenden unablässig dazu zwang, sich zu verteidigen, sich miteinander zu messen.

Jung ist den ganzen Tag unterwegs. Expressionismus liegt in der Luft. Er will die Bürger brüskieren, die Denkfaulen aufrütteln. Ein wilder, in seiner Wildheit allzu forcierter Ton klingt in den frühen Texten mit, findet aber in den von Jung besuchten Zirkeln der Literaten Anerkennung. Johannes R. Becher hat einen dieser Zirkel in dem Sonett „Cafe Stefanie" beschrieben:

> In München war's, im Cafe Stefanie,
> als ich dir, Emmi, die Gedichte sagte,
> die ich allein dir nur zu sagen wagte,
> und häufig kam das Wort vor: „Irgendwie".

Am Tisch daneben spielte Mühsam Schach
und Frank saß einem Geldmann auf der Lauer.
(Vielleicht saß der indes im Cafe Bauer?)
Ein Denker hielt mit Kokain sich wach.

Franz Jung erschien mit seiner Tänzerin,
Und Bing, der Zeichner, ließ das Billard fahren,
denn Däubler nahte sich mit Bauch und Bart ...

Ihr Freunde, die ihr gute Freunde wart,
ich schreib euch dies zum Angedenken hin
an jene Zeit, als wir noch Kinder waren.

Jung geht wieder nach Berlin. Franz Pfemferts „Aktion" wird sein literarisches
Forum. Pfemfert war es gelungen, mit Alfred Lichtenstein, Gottfried Benn, Carl
Sternheim, Jakob van Hoddis und Jung einige der vielversprechendsten jungen
Dichter um sich zu versammeln. 1912 erscheint der Novellenband „Trottelbuch"
und Jung erlangt schnell eine lokale Berühmtheit. Pfemfert veröffentlicht im
Verlag der „Aktion" noch drei Romane, die nach Jungs Worten „im allgemeinen
Kriegsrummel untergepflügt" werden. Doch das meiste ist wohl zu Recht ver-
gessen. Allein die scharfe expressionistische Kurzprosa hätte unter seinen frühen
Werken mehr Anerkennung verdient.

Vom Studentenleben mit einem Zwischenspiel bei einer schlagenden Verbindung bleibt ihm die Trinkerei. Seine Doktorarbeit über die Besteuerung der
Zündholzindustrie wird von der Universität München nicht angenommen, weil
er Teile daraus schon vorher in der Frankfurter Zeitung veröffentlicht hatte. Der
Erste Weltkrieg reißt ihn vorerst aus der Unschlüssigkeit, die das Ende der akademischen Studien mit sich gebracht hatte.

Jung meldet sich im Sommer 1914 freiwillig, desertiert aber kaum ein halbes
Jahr später. Wie sein Bekannter Oscar Maria Graf oder der Maler Georg Grosz
wird er zur Beobachtung seines Geisteszustandes in eine Anstalt gebracht. Jungs
zweite Frau Cläre schreibt in ihren Lebenserinnerungen:

> Es war weniger sein körperlicher Zustand, Krankheit oder Verwundung, die ihn
> [...] desertieren ließen. Es war die Depression darüber, versagt, das selbstgesteck-
> te Ziel nicht erreicht, das Programm nicht erfüllt zu haben, was ihn zerstörte und
> schließlich in das Irrenhaus zu Dalldorf in Wittenau brachte.

Nach fünf Monaten der Beobachtung wird Jung wieder entlassen. Gegen Ende
des Krieges entfaltet er eine vielseitige Tätigkeit. 1917 gründet er zusammen mit
Dr. Otto Ehrlich die Wirtschaftszeitung „Industriekurier", die im Jahr 1970 nach
vielen Höhen und Tiefen und einer zeitweiligen Einstellung während der Nazi-
zeit mit dem Handelsblatt vereinigt wurde. Jung leitet in der Gründungsphase

die Redaktion, während Ehrlich sich um Anzeigen kümmert. Doch Jung ist für die Aufgabe eines Chefredakteurs viel zu sprunghaft. Bald tritt die Wirtschaftsberichterstattung in den Hintergrund, er trifft vor allem Verleger und Literaten im Café des Westens, nutzt – mit „halber Duldung" seines Kompagnons – die Redaktionsräume für konspirative Treffen des Spartakus-Bundes. Cläre Jung hat die Stimmung jener Zeit nachgezeichnet:

> Eines Tages sitzen wir, Jung, ich und einige Freunde, in einem Café am Potsdamer Platz. Die Diskussion dreht sich wie immer um literarische Fragen. Es wird heftig gestritten. Plötzlich stürzt Raphael Seligmann, ein Schriftsteller und Publizist der „Sozialistischen Monatshefte", ein guter Bekannter von Jung herein. Sein Gesicht ist bleich, seine Augen hinter der immer zerbrochenen Brille sind weit aufgerissen: „In Rußland ist Revolution!" Jung macht einen Stuhl neben sich von Zeitungen frei und zieht Seligmann an seine Seite: „Erzählen Sie. Alles, was Sie wissen …"

Es ist nicht viel, was Seligmann sagen kann. Aber die Tatsache allein genügt. Jemand will die alte Diskussion wieder aufnehmen. Franz Jung winkt ungeduldig mit der Hand ab. Der andere beharrt auf seinem Vorhaben:

> Scheren Sie sich weg. Die russische Revolution ist ausgebrochen. Und Sie reden von Literatur. Jetzt haben wir anderes zu tun!

Im März 1919 verlässt Jung den „Industriekurier". In den nächsten Jahren schreibt er nicht mehr für die bürgerliche, sondern vor allem für die linke Arbeiterpresse. Die Arbeit ist illegal. In den Heften finden Polizei und Staatsanwaltschaft weder Impressum noch eine Angabe über die Druckerei. Cläre Jung unterstützt ihren Mann, wo sie kann. Sie schreibt in ihren Erinnerungen:

> Mit Beginn des Jahres 1920 erscheint in Berlin die „Russische Korrespondenz". […] Ihre Herausgabe gehört zu den Aufgaben des sowjetischen Genossen J. Wir hatten inzwischen durch die ständigen polizeilichen Überwachungen von Telefon, Post und Spitzelwesen gelernt, illegal zu arbeiten. Da sich unser Atelier in der Kaiserallee nicht mehr als sicher erweist, mieten wir draußen in Grünheide am Petzsee ein kleines Haus.

Ein Leben voller Aktivität, voller Abenteuer. Als die Monarchie untergeht, will er die neue Welt gestalten, hängt nun mit allen Fasern dem aufkommenden Kommunismus an. 1920 entführt er den Fischkutter „Senator Schröder" durch das verminte, nördliche Eismeer nach Murmansk, um deutsche Kommunisten bei einer Tagung der Komintern zu vertreten. Nach seiner Rückkehr konzentriert er sich ganz auf die Politik, wird im Umfeld von Spartakus-Bund und KPD Berufsrevolutionär. Mit Ernst Reuter, dem späteren Westberliner Oberbürgermeister, bereitet er terroristische Anschläge auf Eisenbahnanlagen in Berlin-Charlottenburg vor. Wilhelm Pieck, den zukünftigen SED-Vorsitzenden und DDR-Präsidenten, begleitet er ins Mansfelder Land, als der KP-Führung der dortige Arbeiteraufstand und Generalstreik aus dem Ruder zu laufen droht. Ausführlich berichtet Jung über diese, seine „roten Jahre" in der Autobiographie „Der Weg nach unten". Damals lernt Jung den Maler George Grosz kennen. Grosz dämonisiert ihn im Rückblick:

> Eine Rimbaudfigur, eine kühne, vor nichts zurückschreckende Abenteurernatur [...] .Wenn er betrunken war, schoß er mit seinem Revolver auf uns wie ein Cowboy aus einem Wildwestfilm [...]. Er war einer der intelligentesten Menschen, die ich je getroffen habe, aber auch einer der unglücklichsten.

Jung ist vollkommen gleichgültig gegen materielle Güter. Anders als in den meisten seiner Romane steht bei ihm selbst das Geld nicht im Mittelpunkt des Lebensinteresses. Er verdient es leicht und gibt es leicht wieder aus. Arnold Imhof, der 1974 die erste Jung-Biographie verfasste, berichtet:

> Seine Verachtung für Geld trägt er offen zur Schau. Das wachstuchbezogene, weiß-rot-karierte Notizbüchlein, zwischen dessen Seiten er die Markscheine aufbewahrt, ist in Jungs Freundeskreisen sehr bekannt. In alkoholisiertem Zustand pflegt er es zu zücken, und unter dem Ausruf „Wer braucht hier Geld" flattern die Noten nach allen Seiten heraus über die Runde.

Mehrmals wird er zu Gefängnisstrafen verurteilt, flieht 1921 in die junge Sowjetunion, arbeitet dort für die Internationale Arbeiterhilfe. Man überträgt ihm das Management einer Fabrik in Petrograd. Das hinterlässt literarische Spuren. Der Malik-Verlag veröffentlicht „Hunger an der Wolga", Ullstein bringt „Das geistige Rußland von heute". Ende 1923 taucht Jung plötzlich mit einem gut gefälschten Pass wieder in Berlin auf. Er ist so umtriebig wie unstetig. Immer wieder stürzt er sich in die Tätigkeitsbereiche, die ihm seit seiner Studienzeit vertraut sind: Literatur und Wirtschaftsjournalistik. Während der Weimarer Republik gründet er eine verwirrende Anzahl von Zeitungen, Wirtschaftsauskunfteien, journalistische Büros: die Kontinent-Korrespondenz, den Deutschen Feuilleton Dienst, den Deutschen Korrespondenzverlag, oder die Photag, einen Fotodienst für die Tagespresse.

Unter dem Namen Franz Larsz wohnt er bei seiner Frau Cläre, publiziert im Berliner Börsen-Courier oder der Berliner Börsen Zeitung. Er lebt in einer Welt der Angst, des Verbots und des politischen Geschnüffels. Immerhin: Der falsche Pass ist so gut, dass Jung ohne Probleme nach England reisen und von dort als Korrespondent berichten kann. Von den kleinen Freuden eines marxistisch geschulten Gesellschaftsanalytikers zeugt ein Brief an Cläre:

> Abgesehen vom Wetter ist es doch sehr schön in London. Eine kolossale Kraft und ganz phantastische Klassenunterschiede.

Jung ist vielseitig und in der Wahl seiner journalistischen Methoden nicht zimperlich. Auch für Plagiate ist er sich nicht zu schade. Cläre, die für den Vertrieb seiner Artikel in Berlin zu sorgen hat, teilt er aus England mit:

> Wenn es irgendwie notwendig ist, kann ich auch noch einen Artikel über Kino schreiben. Habe einiges Neues, sonst schicke ich Euch lieber ein paar Zeitschriften, aus denen ihr 10 Artikel mindestens nehmen könnt. Man muß sie nur streichen u. ein bißchen neu überarbeiten.

Er versucht sich als Literaturagent für Chesterton, O'Henry und Kipling. Im Mittelpunkt der Erwerbstätigkeit steht aber immer die Wirtschaftsjournalistik und Analyse. Hans Schwab-Felisch, dessen Vater bis in die 30er Jahre mit Jung eng zusammenarbeitete, erinnert sich:

> Es gibt immer irgendein „Büro". [...] Die Adressen wechseln; am längsten Bestand hat, wenn ich mich recht erinnere, „die Linkstraße", nahe am Potsdamer Platz, und in sie fast schon inkorporiert ist das Café Josty, ein berühmter Zeitungs-Leseort, den Lesser Ury gemalt hat.

Als Journalist ist er mit den Formen der Reportage, der Dokumentation und des Kommentars ausgezeichnet vertraut. Er hat jedoch ein Faible für Verschwörungstheorien. Und diese Faszination teilt sich auch anderen mit: Noch einmal sein Biograph Arnold Imhof:

> Seine nationalökonomischen Berichte, manchmal in rauchigen Restaurantsecken entstanden [...], faszinieren durch ihre eigenwilligen Interpretationen und die Zusammenhänge, die er in einmaliger Schärfe, wenn auch nicht immer in der richtigen Perspektive sieht. Das rein Informative daran beurteilt er abschätzig als Statistikerarbeit, die nur die Basis bietet für das von ihm als schöpferisch Empfundene.

1927 wendet Jung sich dem Theater zu. Erwin Piscator engagiert ihn als Dramaturg. Sie kennen sich aus der Zeit, als Jung im Hamburger Untersuchungsgefängnis auf seinen Schiffsraub-Prozeß wartet. Damals führte das Proletarische Theater Jungs frühe Stücke auf. Piscator setzt auch weiter auf ihn als Autor. 1928 inszeniert Leonard Steckel Jungs „Heimweh" im neuen Studio am Nollendorfplatz. Aber obwohl Heartfield das Bühnenbild entwirft und Eisler die Musik schreibt, fällt das Stück durch. Einen Achtungserfolg kann Jung 1927 mit „Legende" an der Aktuellen Bühne des Dresdner Staatstheaters erringen. Seine übrigen fünf Stücke werden weder gespielt noch gedruckt.

Franz Jung hat manches geschrieben, was einem kritischen Urteil nicht standhält, wohl auch gar nicht standhalten sollte. Die meisten seiner Romane – hingehauene Fortsetzungsschmöker für die linke Tagespresse – sind heute kaum noch lesbar. In den vier Monaten, die er 1920/21 inhaftiert ist, schreibt er drei Romane, zwei Theaterstücke und eine längere Prosaarbeit. Entsprechend ist die Qualität dieser Texte. Nur allzu oft gibt Jung seiner Neigung zum Leitartikel nach, streift seine Erzählkunst das Triviale. Überhand nehmen die stilistischen Entgleisungen, wenn seine Figuren in das revolutionäre Geschehen hineingezogen werden. Der Kritiker der „Roten Fahne" für Oberschlesien trifft den Ton, wenn er schreibt:

> Ehern wie der Donnerschritt marschierender Massen klingt aus der Erzählung die herbe Seele des Proletariats empor.

Jung gilt mit seinen frühen Romanen als Vorläufer des sozialistischen Realismus. Theoretischen Äußerungen über das Schreiben aus den Zwanziger Jahren weisen in diese Richtung. In der Erzählung „Zwei unterm Torbogen" heißt es:

> Der Schriftsteller, behaupte ich, hat es nicht nötig, große Geschichten zu erfinden. Seine Aufgabe ist es, Tatsächliches aus dem täglichen Leben wiederzugeben und in einer erklärenden Form der Beschreibung den Versuch zu machen, die näheren Umstände, Umgebung und andere Möglichkeiten, die der Fremde nur ahnen kann, auf eine allgemeine Plattform zu heben.

Erich Mühsam nahm zu Franz Jung Kontakt auf, als er aus den Bayerischen Gefängnissen entlassen wurde. Sie kannten sich aus den Jahren 1911 und 1912, als Mühsam in München die Gruppe Tat organisierte. 1925 wohnten Franz Jung und seine Frau Cläre in einer Neubausiedlung in Berlin Wedding. Jung kam eines Nachts mit dem Auto an und brachte Erich Mühsam mit. Mühsam schlief dann in der Wohnung von Familie Jung. Der Kontakt von 1925 bis Anfang der 30er Jahre war eng. Mühsam versuchte immer mit Franz Jung Schach zu spielen, aber Jung kam nicht zur Ruhe. Sie führten dann lange politische und literarische Gespräche. Aus Anlass des 40. Todestages von Mühsam gibt es ein Gespräch zwischen Andreas Mytze und Cläre Jung. Cläre Jung berichtet in diesem Gespräch und in ihren Erinnerungen auch von Mühsams Ende:

> Um die Zeit seiner Verhaftung lebte Erich Mühsam in Britz in einer Arbeitersiedlung am Rande Berlins. Wochenlang hatte er Drohungen und Warnungen erhalten, fast jeden Tag bekam er anonyme Briefe, in denen ihm der Tod angedroht wurde, auch Telefonanrufe, die ihm sein baldiges Ende voraussagten. Nach Überwindung großer Schwierigkeiten war für Mühsam endlich eine Ausreisemöglichkeit geschaffen worden. Sein Koffer war bereits gepackt, und er hatte eine Fahrkarte in der Tasche, aber er glaubte, in Berlin bleiben zu müssen, um zu kämpfen. „Ich werde hier noch gebraucht", sagte er.

Doch ich greife vor. Unter Franz Jungs Arbeiten aus der Weimarer Zeit sticht der 1931 erschienene Roman „Hausierer" hervor. Jung schildert eine Drückerkolonne für Zeitschriften und Versicherungen sowie die im Hintergrund agierenden Verleger, Makler, Bankiers, die an den Geschäften mitverdienen. Der Autor kennt das Milieu aus seiner Münchner Zeit. Hier schreibt er unpathetisch, zuweilen sogar zurückhaltend ironisch. Die Welt der Schieber und Hausierer ist ein dankbarer literarischer Stoff, auch wenn es nicht immer ohne Kolportageelemente abgeht. Jung hat ein unterhaltsames Buch mit psychologisch stimmigen Figuren und anschaulichen, boshaft platzierten Details abgeliefert. Sein Leben befindet sich in einem für ihn nicht immer befriedigenden, aber doch stabilen Gleichgewicht. Er publiziert weitläufig, gründet die Zeitschrift „Gegner", in der er mit Hilfe des Redakteurs Harro Schulze-Boysen die Nationalsozialisten scharf angreift. Jung und seine Geschäftspartner weiten ihre Geschäfte aus: 1931 finanziert eine ihrer Firmen Brecht/Weills „Aufstieg und Fall der Stadt Mahagonny" für das Theater am Kurfürstendamm.

Kurz vor der Premiere sind alle zerstritten. Brecht und Weill kämpfen um die Musik, die Brecht mit zu viel Dialog durchlöchern möchte. Manchmal sprechen sie ganze Tage kein einziges Wort miteinander. Trude Hesterberg – mit einem von Jungs Geschäftspartnern liiert – will, dass Mahagonny für sie umgeschrieben wird: mehr Arien und mehr Primadonnenauftritte. Hin und wieder pfändet die Vollstreckungsabteilung des Finanzamtes Requisiten. Dann streiken plötzlich die Musiker. Die Baupolizei will einen Teil der unteren Logenreihen nicht freigeben. Franz Jung und Helene Weigel halten unterdessen die Truppe zusammen. Sie rufen Kurt Weill zur Ordnung, wenn er – um einem Krach zu entgehen – sich mit Freunden zum Skatspielen zurückzieht. Eines Tages breitet Brecht über seinem Regiepult eine Straßenkarte von Berlin aus und trägt allerlei ein. Jung stellt ihn zur Rede. Er dürfe die Probe nicht aufhalten. Was denn das solle? Brecht antwortet trocken:

> Das sind die Aufmarschpläne, wenn Rot-Front die Stadt erobert. Maschinengewehrnester auf den Dächern. Das Prinzip vom toten Winkel. Wasser und brennendes Öl.

Für Jung liegen solche Gedanken ein Jahrzehnt zurück. Jetzt stehen für ihn Literatur und Theater im Mittelpunkt des Interesses. Und das nicht vergeblich: Mahagonny wird schließlich ein großer künstlerischer Erfolg. Mehr als 60 zumeist ausverkaufte Vorstellungen, aber doch 70.000 Mark Verlust für Jung und seine Geschäftspartner.

Die relative Sicherheit seiner Existenz ändert sich 1932 durch den Bauhüttenskandal. Fritz Mierau erläutert in einem seiner sehr lesenswerten Nachworte zur Jung-Gesamtausgabe die Zusammenhänge:

> Die Geschäftsführer des Deutschen Korrespondenz Verlages Franz Jung, Theodor Beye und der Bankier Fritz Schönherr hatten zur Vermittlung und finanziellen Realisierung von Bauvorhaben der Pommerschen Bauhütte in Paris eine französische Gesellschaft gegründet. Der Versuch, Verbindlichkeiten in Frankreich durch Begleichung französischer Kapitalforderungen in Deutschland zu tilgen, führte zum Vorwurf des Devisenvergehens. Auf Grund der Notverordnung war die Ausfuhr von Devisen untersagt. Beye und Schönherr wurden verhaftet, Jung entzog sich durch Flucht ...

Sein Ruf ist nachhaltig ruiniert. Es folgen schweigsame Jahre, von denen erst die 1996 veröffentlichten Briefe Zeugnis ablegen. 1936 wird er von der Gestapo in Berlin inhaftiert. Auf Intervention der Abwehr von Admiral Canaris lässt man ihn wieder frei. Er soll für die nationalkonservativen Widerständler um Canaris bis zu dessen Verhaftung im Jahr 1944 gearbeitet haben. Jung flieht aus Deutschland, irrt umher: Wien, Prag, Budapest und immer wieder Paris sind die Stationen. Während der folgenden Jahre ist er einige Male kurz in Berlin. Er besitzt einen ungarischen Flüchtlingspass. Der 48-Jährige fängt noch einmal von vorne an. An Erwin Piscator schreibt er 1936:

> Lieber Piscator, zunächst zur Beantwortung Deiner Fragen: Ich bin von der Frau Cläre Jung seit Anfang des Jahres geschieden, ich lebe hier mit Frau Scherret und einem inzwischen vier Jahre alten Jungen. Nach dem Zusammenbruch des Deko-Verlages war ich in meiner früheren Tätigkeit, einer Handelskorrespondenz, untergetaucht. Im Hintergrund eines solchen Dienstes […] habe ich mich bis Mitte 1936 […] ungefährdet halten können – ohne Kultur und Pressekammer. […] Dann brach die Sache zusammen. Der Verlag flog unter dem Verdacht getarnt zu sein auf und wir kamen alle in Schutzhaft. Ich wurde mit einigen andern nach ca. 3 Monaten entlassen, gegen andere schwebt noch ein Verfahren.

Er versucht alles Mögliche, um im europäischen Ausland wieder Boden unter die Füße zu bekommen. Mit Robert Platow – dem in Wirtschaftskreisen noch heute bekannten ehemaligen Herausgeber des Platow-Briefes – plant er einen mitteleuropäischen Pressedienst für Wirtschaftsinformationen. Schließlich bringt er sich in Budapest mit politischen und wirtschaftlichen Analysen für Versicherungsmakler und Rückversicherer durch den Krieg.

1941 hat er diese seltsame Affäre mit der Lehrerin Anna von Meißner, die unter dem Namen Sylvia zeitweise im Nachtclub „Arizona" verkehrt. Jung vermittelt ihr eine Scheinehe mit dem Freund seiner Tochter Dagny und wundert sich dann, als er von beiden betrogen wird. Keiner der Beteiligten hat seine Emotionen im Griff. Unter dem Schutz der Versicherungsgesellschaft American European Securities hält er unterdessen Kontakt mit seinen alten kommunistischen Freunden in London, Paris, Marseille und New York. Wann immer er kann, unterstützt er sie finanziell. Daneben schreibt er unter Pseudonymen für die Prager „Neue Weltbühne", die „Wiener Wirtschaftswoche", arbeitet für die Anti-Nazi-Deutschlandberichte der SPD. Ab und an besucht er die geschiedenen Frauen Cläre und Margot oder seine Tochter Dagny in Deutschland. Dann wieder schreibt er für die vom Reichswirtschaftsminister Walther Funk angeregte Südosteuropa-Gesellschaft in Wien, verfasst wirtschaftspolitische Berichte über den Balkan. Das alles ist in den von Fritz Mierau vorzüglich edierten Briefen nachzulesen. Nachzulesen ist aber auch, wie ihn das Leben im Zwielicht in die Katastrophe stürzt. Jung nimmt den Rohstoff für die meisten seiner späten Werke aus dem eigenen Leben. Sein mit Abstand bester Roman ist „Das Jahr ohne Gnade". Der im Rahmen der Werkausgabe erstmals veröffentliche Text erweist sich als Versuch zur Selbsttherapie. Jung möchte sich das Schicksal seiner Tochter Dagny erklären, die nicht ohne seine Schuld nach einer Irrfahrt durch verschiedene Nervenheilanstalten in Wien zu Tode kommt. Der Erzähler Jung ist wie verwandelt. Das Thesenhafte seiner gesellschaftskritischen Fortsctzungsromane ist verschwunden, die Personen – fast alle mit Vorbildern aus der Familie oder dem näherem Bekanntenkreis des Autors – wirken plastisch und lebendig, der Text ist sorgsam komponiert.

Dagny arbeitet Anfang der 40er Jahre in einer großen Berliner Nachrichtenagentur. Als Journalist interessiert sich Jung für den Fluss der Nachrichten, für die Bedingungen des Betriebes in der Diktatur. Es gelingt ihm, die Atmosphäre aus Unsicherheit, Angst und Denunziation darzustellen. Selbstbehauptung, das allein zählt. Und Dagny kann sich nicht behaupten. Sie versucht, zu ihrem Vater und dem Geliebten Georg nach Budapest zu fliehen.

Aber sie bleibt in Wien hängen. Ohne Lebensmittelkarten wird sie immer schwächer, erleidet einen Nervenzusammenbruch. Schließlich wird sie im März 1945 in der psychiatrischen Abteilung eines Wiener Krankenhauses vergiftet.

Soweit der Roman. In Wirklichkeit ist Dagny wohl an einer Lungenentzündung gestorben. Für Jung bleibt die persönliche Katastrophe. Er hatte seine Tochter nicht retten können. Auch die dritte Ehe mit der Journalistin Harriet Scherret ist gescheitert, die Affäre mit Anna von Meißner gefährdet. Er selbst lebt unter ständiger Todesgefahr. Im November 1944 wird er in Budapest von einer Gruppe der ungarischen Faschisten, der Pfeilkreuzler, verhaftet. Sie stecken ihn in einen Todeskeller, mit noch drei anderen Opfern an einem Seil zusammengebunden. Dort bleibt er zwei Tage und drei Nächte ohne Essen. Unter seinen Mitgefangenen befindet sich ein Hamburger Kaufmann, der für seine Firma Außenstände einkassieren und möglichst die ungarische Währung in Juwelen anlegen soll.

> Dieser Mann unglaublich dumm, unwissend und arrogant wurde praktisch meine Rettung. Irgendwie hatte er sich bei den Wachen Respekt zu verschaffen gewusst. Wir waren in der letzten Nacht nicht mehr gebunden, für die Wache war irgendwoher Wein beschafft worden und der Mann hatte es fertiggebracht in der Frühe eine schwere Eisentür aufzubrechen […] und hinaus zu spazieren. Ich hatte nicht viel mehr zu tun als hinterherzulaufen.

Er muss noch mehrmals fliehen. Im November 1944 verhaftet ihn der nationalsozialistische Sicherheitsdienst SD und bringt ihn nach Wien. Wieder hat er Glück. Das Kriegsende erlebt er in einem italienischen Auffanglager. Seine Korrespondenz verändert sich nachhaltig. Aus Geschäftsbriefen werden Lebensberichte. So auch am 9. Mai 1946 an Erwin Piscator:

> Lieber Piscator, […] Ich scheue mich nicht zu Ihnen als Kameraden zu sprechen und ich will Ihnen gerne meine augenblickliche Lage und deren geringe Möglich-

keiten schildern. Mir ist es bisher [...] nicht gelungen, eine Synthese zwischen den verschiedenen Begabungen zu finden, mich zu behaupten. Ich habe immer sehr leicht als Wirtschaftskorrespondent oder als Wirtschaftsanalytiker Geld verdient, obwohl ich im Grunde kein fachmännisches Wissen habe [...]. Ich möchte sagen, ich habe mit dem Wissen nur gespielt oder besser gesagt nur meine Phantasie spielen lassen. Das hat meiner Entwicklung als Schriftsteller sehr geschadet. [...]. Daß ich trotzdem immer wieder zur schriftstellerischen Arbeit zurückgekehrt bin, begründet lediglich meine Außenseiterstellung, in der ich mich, wenn auch ohne äußeren Erfolg, sozusagen wohlgefühlt habe. Mit zwangsläufiger Notwendigkeit mußte das einmal zu Ende gehen.

In Italien trifft er Anna von Meißner wieder. Sie ist im Flüchtlingsstrom mitgespült worden, hat ihn in Tirol und Italien gesucht und schließlich gefunden. Sie ist krank und aufgrund ihrer Abenteuer menschenscheu bis zur Grenze der Geistesverwirrung. Leider wird der Fall noch dadurch kompliziert, dass sie unbedingt danach strebt, in ein Kloster einzutreten.

Sein Gefühl für das wirtschaftlich Vernünftige verlässt ihn und er geht auf ihren Vorschlag ein, an der Küste eine Pension zu eröffnen. Sie hatte Schmuck mitgebracht, den sie verkaufen. Dafür werden die notwendigsten Einrichtungsgegenstände angeschafft, das Haus gemietet. Die Pension soll zusammen mit zwei Mädchen aus der ungarischen Flüchtlingskolonie in Rom gestartet werden. Doch die Mädchen sind nach kurzer Zeit mit englischen Soldaten verschwunden. Anna von Meißner liegt krank im Bett und schreibt Gedichte an Gott. Er allein ist überfordert, kann das Haus nicht in Ordnung bringen.

So muss er während der Badesaison 1946 als Kuchenbäcker arbeiten. Doch er kann sich nicht lange halten. Er nimmt das Angebot eines KZ-Kameraden an, der ihm sein Sommerhäuschen in einem Partisanennest der Dolomiten zur Verfügung stellt. Allerdings muss er auch das erst in Stand setzen und bewohnbar machen. Jung versucht verzweifelt, seine alten Kontakte wieder aufzubauen. Der Rest ist eine bittere Geschichte aus Resignation und Tristesse. Jung emigriert über Italien in die USA. Aber er ist mit seinen Kräften am Ende. Einem Freund in Europa schreibt er:

> Es ist mir [...] nicht gelungen hier Fuß zu fassen, trotz wildester Anstrengungen auf den verschiedensten Gebieten, und ich habe auch keine Chance. [...] Es ist nur eine Frage der Zeit, wann ich in den Slum und auf die unterste Stufe des „Proletariats" absinke, und es dreht sich eigentlich nur darum, ob ich aus eigenem Willen diesen Weg noch abkürze.

Und an seine geschiedene Frau Cläre, inzwischen Redakteurin des Berliner Rundfunks, die eine seiner wichtigsten Briefpartner des verbleibenden Lebensabschnitts wird:

> Die letzten Jahre dieser Zwielichtatmosphäre und dieses Seiltanzen um die Tarnung haben mich stärker mitgenommen als ich es wahrhaben wollte. Ich bin prak-

tisch am Ende, und wenn ich physisch weiterzuleben gezwungen bin, so bedarf es noch einer großen Kraftanstrengung, diesem Leben auch einen neuen Inhalt zu geben.

Von 1950 bis 1953 arbeitet Jung für den in New York erscheinenden Wirtschaftsdienst „News Letter International Reports". Sein Herausgeber Günter Reimann, als Wirtschaftsredakteur des KPD-Organs „Rote Fahne" Vorgänger von Jürgen Kuczynski, war dem Nachrichtenmagazin „Der Spiegel" in den 90er Jahren des Zwanzigsten Jahrhunderts eine umfangreiche Geschichte wert. Denn Reimann, damals über 90, gelang es, seinen Branchendienst teuer an die führende britische Wirtschaftszeitung „Financial Times" zu verkaufen. Zusammen mit Jung hat Reimann in den 50er Jahren diesen Branchendienst aus bescheidensten Anfängen aufgebaut. Das Büro von Jung und Reimann soll an die Atmosphäre der zwanziger und frühen dreißiger Jahre in Hollywood-Filmen erinnert haben. Ein Chaos von Zeitungen und Aktenordnern. Im Hintergrund verstaubte Fenster vor der Feuerleiter. Hans Schwab-Felisch hat Jung in New York besucht. Der zeigt ihm sein Manhattan, den Dschungel, in dem einer den anderen übers Ohr haut:

> „Hier machen sie ihre Geschäfte", sagt er, und zeigt in irgendeine Ecke in irgendeiner Kneipe. Im selben Moment bekommen die Leute etwas Verschwörerhaftes – damit aber auch er selbst. Die grelle Fahlheit des Neonlichts, das den Gästen am Tresen etwas Unwirkliches verleiht, fasziniert und irritiert mich zugleich. Das sind nicht Kneipen, wie ich sie in Berlin, Frankfurt oder anderswo gewohnt bin. Hier geht es nicht um Geselligkeit, auch nicht ums Trinken. Hier wird etwas ausgeheckt, und nicht der Rausch ist es, den man sich mittels Alkohol besorgen will, sondern Aggressivität als Grundbefindlichkeit. Jung, mit seinem Röntgenblick, sieht das jedenfalls so und überzeugt mich davon. Er spricht von Börsenkursen, und wie sie manipuliert werden; ich verstehe nichts davon, ihm aber machte es einen diabolischen Spaß, das große Spiel um Geld und Macht, allein indem er es durchschaut, mitzuspielen.

Neben seiner Arbeit bei Reimanns Branchenbrief schreibt Jung als Wirtschaftskorrespondent für deutschsprachige Zeitungen über die USA. Unter anderem veröffentlicht er Arbeiten in der „Frankfurter Allgemeinen", der „Neuen Zürcher Zeitung", dem in Bern erscheinenden „Bund" und auch wieder verstärkt im „Industrie-Kurier". Leben kann er davon kaum. Um seine Situation zu verbessern, geht er 1954 von New York nach San Francisco. Er schreibt in einem Brief:

> Ich fange halt wieder ein neues Leben an. Ich werde in San Francisco am Bahnhof oder der Autobus-Station ankommen, mir die örtliche Zeitung kaufen und nach einem möblierten Zimmer suchen. Und anfangen zu arbeiten. Es wiederholt sich alles. Einen Ausgleich zu einer Frau, die mich hält und vor zu großen Schwankungen bewahrt, habe ich nicht gefunden und wo ich ihn hatte, habe ich ihn weggeworfen.

Franz Jung vereinsamt zusehends. Viele seiner Freunde ziehen sich zurück. Oft bleibt ein bitterer Nachgeschmack. Sein wichtigster Kontakt werden die Brief-partner. Die Briefe der Jahre 1950 bis 1963 machen mehr als 700 Seiten inner-halb der Werkausgabe aus. Er schreibt an die geschiedene Frau Cläre, den ka-tholischen Schriftsteller Oscar Maurus Fontana und vor allem an Ruth Fischer, ehemaliges Mitglied im ZK der Weimarer KPD. Jung ist von ihr, die als eine führende Trotzkistin der Nachkriegszeit gilt, angezogen und abgestoßen zugleich. Bis zu ihrem Tod hat er sich gefragt, wie eng ihre Verbindung zum orthodoxen Marxismus, ja zu Stalin selbst geblieben war. 1961 schreibt Jung im Auftrag der Harvard Universität eine biographische Skizze über „Die Rolle von Ruth Fischer", kommt aber auch in dieser Arbeit nicht zu einem abschließenden Urteil. In den 50er Jahren umwirbt er die als ungemein charmant und gewinnend beschriebene Frau in seinen Briefen. So zum Beispiel in seiner Beschreibung der aufkommenden Hippie- und Beat-Generation an der Westküste:

> Die meisten sind dreißigjährige Literatur- und Kunstbeflissene, mit leicht kom-munistischem Background vom College her [...]. Als ein verquerer Typ von altem l'homme à femmes haben sich einige dieser Mädchen in mich literarisch – ver-liebt, was [...] sich in exhibitionistischen Konfessionen äußert, die mich, ob ich will oder nicht, stark berühren und in Unruhe versetzen. Das Schreckliche ist, daß zwischen 16 Jahren und 66 Jahren kaum ein Unterschied besteht: das gleiche bit-ter süße Gefühl von Unruhe und Verlorensein, nur was mit 16 mehr süß accentu-iert ist, ist jetzt ausschließlich bitter.

Doch auch mit den Hippies verdirbt er es sich bald. Hohn und Spott kann er sich nicht verkneifen, sieht bei den meisten Menschen mit großer Klarheit die stumpfsinnigen Eigenheiten und grotesken Details. Und äußert sie nicht nur in den Briefen. An Ruth Fischer schreibt er über seine Bekannten unter den Beat-nicks:

> Die Leute sind auch sehr arrogant, dumm und langweilig.[...] Studentinnen, die rhythmisch lallend vortäuschen Marihuana zu rauchen. Oder Peyotl zu schlucken. Ich selbst habe das Trinken aufgegeben [...].

Dazu kommen Krankheiten. Seine Stimmbänder werden immer schwächer. Mehrmals muss er sich am Kehlkopf operieren lassen. Seine Krankenhausrech-nungen kann er nur bezahlen, weil Künstler der kalifornischen Bohème für ihn Blut spenden. Im Zentrum der letzten Jahre steht die Arbeit an seiner Autobio-graphie. Zu diesem Buch hat er weit ausgeholt. Schon 1946/47 versucht er den Stoff seines Lebens zu ordnen. Er will noch einmal etwas „publizieren – über den Tageskampf hinaus". Verhandlungen mit den Verlagen Goverts, Kiepen-heuer und Claasen zerschlagen sich. 1961 erscheint „Der Weg nach unten – Aufzeichnungen aus einer großen Zeit" schließlich im Luchterhand Verlag.

Die literarische Öffentlichkeit nimmt kaum Notiz von ihm. Die Verbindungen sind abgerissen. Die Heimatlosigkeit wirkt fort. Im ersten Jahr werden knapp

350 Exemplare verkauft. Unverständnis kennzeichnet die wenigen Äußerungen zu dem Buch. Aber es gibt Ausnahmen. Franziska Violet, Schwester Hans Schwab-Felischs, notiert über Jungs Erinnerungen:

> Ein einziger Aufschrei eines Verzweifelten. Miserables Deutsch, aber unheimliche Erlebnis- und Ausdruckskraft. Und er hat so viel Charme. Ich glaube, es war die Einsamkeit, die mich schon als Kind an ihm faszinierte. [...] Er strahlte immer diese mich unerhört stark anrührende Verlassenheit aus. Wie ein gescheuchtes Tier, das sich zu uns flüchtete, wo es dann auch keine Sicherheit fand.

Diese Autobiographie sowie das umfangreiche Briefwerk sind heute die vielfältigsten und reichsten Schriften. Uns ist der Zeuge, der Beobachter Jung mit seinen Erfahrungen, Reflexionen und Irrtümern näher als der Romancier. Er war gezwungen, aber auch imstande, immer wieder von vorne anzufangen. Er hatte die Anlage zum Großen. Aber ein echtes Kunstwerk ist ihm wohl nicht einmal geglückt.

Was er alles von seinen Arbeiten abtat, weil es ihm nicht mehr genügte, und wie er zuletzt selbst über den literarischen Ehrgeiz hinaus war – das vermag man erst jetzt einzusehen, wo sich sein Leben und seine Werke überblicken lassen. Am Ende der Autobiographie heißt es:

> Ich habe den Ehrgeiz überwunden, als Schriftsteller anerkannt zu werden, als Geschäftsmann, als Liebhaber – und, wenn man das so will in dieser verrotteten Gesellschaft, selbst als anständiger Mensch; ich bin nicht anständig.

Er wird dennoch geliebt. Zu Jungs hundertstem Geburtstag erschien 1988 eine Anthologie in der Edition Nautilus. Dort findet man Briefe an den fast 75-Jährigen von drei Frauen, die mit ihm zusammen gelebt haben. 1962 schreibt ihm seine erste Frau aus der Bundesrepublik:

> Lieber Franz, das Leben wird doch immer schwieriger, mich bewegt eine Frage, möchtest Du nicht seßhaft werden? An einem Ort, wo man eine kleine 2 Zimmer-Wohnung nehmen könnte. Du könntest von einem ruhigen Pol aus trotzdem Deine Reisen machen, und alles was Du zu tun gedenkst. Margot

Im gleichen Jahr schreibt ihm aus der DDR seine zweite Frau Cläre, die in der Nachkriegszeit Feuilleton-Redakteurin des Berliner Rundfunks gewesen ist:

> Lieber Franz, vor Jahren habe ich Dir einmal geschrieben: bitte vergiß nicht, daß Du bei uns immer eine Heimat hast und das gilt auch selbstverständlich heute noch. Für Dich als amerikanischem Bürger würde es nicht einmal die geringsten Schwierigkeiten bereiten, herzukommen. Von Westberlin aus, vom Zoologischen Garten könntest Du bis zum Bahnhof Friedrichstraße fahren und dort am Kontrollpunkt ganz einfach nach Vorzeigen Deines Passes unangefochten zu uns gelangen. [...] Hier würden sich bestimmt Möglichkeiten finden. Cläre

Und schließlich Anna von Meißner, die Ungarin, mit der er nach Italien floh und die er zu der Romanfigur Sylvia machte. Sie schreibt in gebrochenem Deutsch aus San Remo:

> Misericordias Domine in aeternum cantabo Mein liebster Franz! Durch seltsame Geschichte ich glaube [ich] werde bald sterben! Dann komm ich sofort und hol Dich ab von diese schmutzige New York! [...] dann werden wir den ewigen Frühling [haben], der ebenso schön wird wie der erste Frühling war. [...] Deine und meine Seele sind eins. Sylvia

Günter Kunert hält den Revolutionär und Schiffe entführenden Schriftsteller für einen Charakter, wie man sie heutzutage nur noch auf Leinwänden trifft. Jung hat aber auch die Phantasie anderer Schriftsteller angeregt. Nicht nur Bertolt Brechts „Baal" soll er als Vorbild gedient haben. Zehn Jahre vor Jungs Tod verwandelt Oskar Maria Graf mit der Novelle „Grabrede auf einen Freund" den verwahrlosten Emigranten in eine literarische Figur:

> Da ist ein Mann gestorben, der nie etwas Einnehmendes an sich hatte, klein und unansehnlich, mit einem meist finster grämlichen Gesicht [...]: Äußerlich verschlampt, versoffen und haltlos; innerlich zerfressen von der uneingestandenen, tief verborgenen, verzehrend unruhigen Eitelkeit vieler Zukurz-Gekommener.

Jung hat auch diese dunklen, abstoßenden Seiten seines Charakters gekannt und auf eine fast trotzige Art bejaht. „Natürlich gehe ich zur Hölle", schreibt er in seiner Autobiographie, „Ehrensache".

Quellen und Literatur

Bibliographie

Fähnders, Walter: Franz Jung-Bibliographie. In: Rieger, Wolfgang: Glückstechnik und Lebensnot. Leben und Werk Franz Jungs. Freiburg/Br. 1987, S. 252–268 (320 Titel).

Ausgaben

Jung, Franz: Werke. Bd. 1–12 (in 14 Teilbänden, versch. Herausgeber). Edition Nautilus. Hamburg 1981–97; für diesen Vortrag wurden vor allem die Bände 9/1 „Briefe 1913–1963", 9/2 Abschied von der Zeit" und 12 „Das Erbe/Sylvia/Das Jahr ohne Gnade" benutzt.

Jung, Franz: Der Weg nach unten. Aufzeichnungen aus einer großen Zeit. Edition Nautilus. Hamburg 1985.

Jung, Franz: Der tolle Nikolaus. Prosa, Briefe, hrsg. v. Cläre Jung und Fritz Mierau. Reclam Verlag. Leipzig 1980 (Universal-Bibliothek, Bd. 811).

Jung, Franz: Schriften und Briefe in zwei Bänden, hrsg. v. Petra und Uwe Nettelbeck. Zweitausendeins. Salzhausen 1981.

Die Berliner Zeitschriften SKLAVEN (1994–1999) und SKLAVEN-Aufstand (1998–1999) des BasisDruck-Verlages haben zahlreiche Texte, häufig auch Nachlasstexte, und Materialien von und über Jung abgedruckt.

Literatur

Fähnders, Walter und Rector, Martin: Linksradikalismus und Literatur. Untersuchungen zur Geschichte der sozialistischen Literatur in der Weimarer Republik. Rowohlt. Reinbek 1974, 2 Bde. (über F. Jung: Bd. 1, 3. Kap.).

Graf, Oskar Maria: Grabrede auf einen Freund. Manuskript. Typoskript. Mai/Juni 1953.

Imhof, August: Franz Jung. Leben, Werk, Wirkung. Bonn 1974.

Jung, Cläre: Paradiesvögel. Erinnerungen. Edition Nautilus. Hamburg 1987.

Jung, Peter: Emigrantenkind. Über meinen Vater Franz Jung. In: Sinn und Form 56, 2004, H. 1, S. 115–128.

Mierau, Fritz: Leben und Schriften des Franz Jung. Eine Chronik. In: Der Torpedokäfer, S. 133–186 (erw. Fassung aus Jung, Franz: Werke. Bd. 1/1, S. 10–65).

Mierau, Fritz: Das Verschwinden des Franz Jung. Stationen einer Biographie. Edition Nautilus. Hamburg 1998.

Mierau, Fritz und Sieglinde: Die Kameradin. Unsere Cläre-Jung-Chronik, in: „Laboratorium Vielseitigkeit". Zur Literatur der Weimarer Republik, hrsg. v. Peter Josting u. Walter Fähnders. Bielefeld 2005, S. 513–526.

Schulenburg, Lutz (Hrsg.): Der Torpedokäfer. Hommage à Franz Jung. Edition Nautilus. Hamburg 1988.

seinem Vater und seiner Schwester Charlotte
in Liebe . Der Verfasser.

Zürich. 15. November 1904.

Margarete Beutler
zugeeignet.

Jens-Fietje Dwars

Johannes R. Becher: „Siehst Du nicht, Vater …"

Heinrich, Johannes und John Becher

Vom Fluch der Vaterschaft und was Politik daraus macht

Es heißt, man solle ein Pferd nicht vom Schwanz her aufzäumen. Und doch fangen die meisten Historiker am Ende an. Ende schlecht, alles schlecht – von Anbeginn, in dem wir das Resultat schon angelegt finden. Im Nachhinein sind wir alle klüger. Der Sozialismus/Kommunismus war ein Irrweg, weiß heute jedes Schulkind, die DDR eine Sackgasse. Weil: was kam, auch kommen musste. Geschichte als Entwickelung: Abwickeln eines Knäuels von Interessenlagen, bis der rote Faden sichtbar wird, die Blutspur, die den Täter verrät. Was das Gegenteil wirklicher Entwicklung ist, die ja eigentlich Wandel und Verwandlung meint, weniger logische Abfolge als vielmehr unerwartete Erfüllung von Dennoch-Möglichem.

Machen wir die Probe aufs Exempel – mit Johannes R. Becher. Da beginnen schon die Schwierigkeiten. Nur wenige können mit dem Namen noch etwas anfangen: Im Westen denkt man an vormalige Olympiaden, als es noch zwei deutsche Mannschaften gab und bei Gold die „Becher-Hymne" erklang. Im Osten erinnern sich die Älteren daran, dass sie in der Schule Gedichte von ihm auswendig lernen mussten. Und Schulgedichte sind immer langweilig. Den Gebildeten unter seinen Verächtern fällt noch ein, dass er auch Gedichte auf Stalin geschrieben hat. Die sollen besonders schlimm sein, gelesen hat man sie nicht, seit 1956 auch nicht mehr in den Schulen der DDR, denn da verschwand der vormals geliebte Führer, wurde als verschwiegener Diktator zur Unperson, zum weißen Fleck der eigenen Geschichte. Weshalb es gut und lehrreich wäre, wenn man heute ein solches Stalin-Gedicht im Unterricht auseinandernehmen würde, um zu erkunden, wann und warum, aus welchen Nöten heraus die Verse entstanden sind, wovon sie eigentlich, in ihrem gelebten Kontext, sprechen.

Das also weiß man heute von ihm: Becher war *der* Staatsdichter der DDR, der ihre Hymne und Loblieder auf Stalin schrieb. Und so sah man ihn im Westen Deutschlands auch schon vor mehr als 60 Jahren, als man noch von der Ostzone sprach oder das Staatskürzel in Gänsefüßchen setzte. Wie auf einem Flugblatt aus dem Jahr 1951. Da war zu lesen:

> Johannes R. BECHER, Präsident des kommunistischen „Kulturbundes zur demokratischen Erneuerung Deutschlands", Verfasser der sowjetzonalen „Hymne an Deutschland" und ergebener Gedichte auf Stalin und die SEP [was wohl Sozialistische Einheitspartei heißen soll – JFD], erhielt im Januar 1951 Besuch von sei-

nem in England lebenden Sohn John T. BECHER. Der Sohn hatte bei dem Besuch Gelegenheit, das Leben und die Umwelt seines Vaters kennen zu lernen. Er sah, wie sein Vater in scheinbarem Wohlstand lebte, ein großes Haus bewohnte und in einem Auto fuhr. Aber das Haus war mit Stacheldraht umzäunt, sein Vater wurde bewacht, bespitzelt, er war unfrei, ein Sklave unter vielen. Nach diesem Besuch stand es für John T. BECHER fest, dass er niemals in der Welt der Unfreiheit, der Lüge und des Terrors leben könne, der sein Vater als gefügiges Werkzeug dient. In einem Brief legt er seinem Vater die Gründe dar, die es ihm unmöglich machen, in der Sowjetzone zu bleiben und sich ebenfalls zu einem Werkzeug der Kommunisten zu erniedrigen.

Auf diesen Vorspann folgt der Brief:

Januar 1951

Lieber Vater!

Wie Du siehst, ich bin zurück in England. Ich bedaure nicht, Dich besucht zu haben, ich bedaure auch nicht, nach England heimgekehrt zu sein. Es war erfreulich, Dich, Vater, wiederzusehen – nach zwölfjähriger Trennung. Die wenigen Augenblicke mit Dir zusammen, der Anblick des Zustandes, in dem Du lebst, war für mich ein weit stärkerer Lehrmeister, als alle meine Jahre in England.

Du wirst Dich erinnern, ich rief Dich per Telephon von der Berliner Westzone an. Es war ein Sonntag, und Du warst gerade vom PEN-Kongreß zurückgekehrt. Mein Verlangen, Dich zu sehen, war der Zweck meiner Reise nach Berlin. Doch Du mußtest mir sagen: Ich kann dich nicht empfangen in meinem Haus. Ich mußte bis zum nächsten Tage warten, um Dich in Deinem Bureau zu sehen, – wie ein Arbeitskollege oder Businessman. Es ist mir nie gelungen, Dich in Deinem Haus hinter Stacheldraht zu besuchen. Niemals werde ich Antwort geben können auf die Frage so vieler Freunde: Warum lebt dein Vater hinter Stacheldraht ? – Ist das der Schutz vor der Liebe Deines Volkes? Vater, ich weiß, wie große Ideale und Zukunftshoffnungen Du in das deutsche Volk gesetzt hattest, das Dir immer am Herzen gelegen hat. Fürchtest Du Dich jetzt vor Deinem Volk?

Dein freudiger Blick, als wir uns endlich wiedersahen, wird mir in ewiger Erinnerung bleiben. Trotz der langen Trennung fühlte ich, daß die Liebe nicht gemindert war. Du hattest sofort Pläne für mich – für die Zukunft. War es möglich, daß Du den Verhältnissen um Dich so blind gegenüberstandest? – Denn als ich daran ging, den ersten Schritt zu Deinen Plänen zu verwirklichen, da fühlte ich bereits, daß Unmögliches von mir verlangt werde.

Ich mußte Erlaubnis haben von der Partei, vom Innenministerium, in der Deutschen Demokratischen Republik bleiben zu dürfen. Du warst überzeugt von Deiner Macht – schließlich bist Du ja eine Persönlichkeit – und so ging ich zur Partei mit der Bitte, mir den Aufenthalt zu gewähren, den Aufenthalt in meiner Heimat bei meinem Vater.

Man gab mir einen langen Fragebogen. Man verlangte von mir Auskunft über Dich, meinen Vater, und über meine Mutter. Warum von mir? Ich habe Blut geschwitzt, um dieses Dokument zu beantworten, zumal mein Deutsch ja nach den vielen Jahren, wie Du weißt, mangelhaft ist.

Wer ist dieser Anton Joos, zu dem man mich geschickt hat? Da saß er hinter seinem Schreibtisch, – ein kleiner grauhaariger Mann, mit harten kalten Augen im Gesicht, das in den langen Stunden meiner Vernehmung niemals ein Lächeln hervorbrachte.

Warum alle diese Fragen? Warum die Stenotypistin hinter mir? Er hatte den von mir ausgefüllten Fragebogen in der Hand, und nochmals mußte ich dieselben Fragen beantworten. Sollte es für ihn unbegreifbar sein, daß meine Mutter es vorzieht, im Frieden Englands zu leben, als in ihrem Alter sich nochmals in den Wirbel des verrückten Berlins zu werfen? Machte er mich für meine Mutter verantwortlich? Und warum konnte er das natürliche Gefühl nicht begreifen, daß alles, was ich wollte, war, mit Dir zu sein, und in meiner Heimat wieder leben zu dürfen. Ich gefiel ihm nicht, und er war mir von Herzen unsympathisch. Und das entschied meine Zukunft.

Dieser kleine Mann, dieser Wicht im Vergleich zu Dir, schrieb Dir vor – Dir, einem Führer des neuen Deutschlands – wie Du Deinen Sohn zu behandeln hast. Und Du folgtest ohne Widerspruch. Vielleicht hattest Du Dich etwas geschämt, denn Du hast solang wie möglich gezögert, mir die Entscheidung bekanntzugeben.

Ist Dir in dieser Situation die Realität der Verhältnisse, unter denen Du lebst, nicht zum Bewußtsein gekommen? Erkennst Du nicht, daß Deine Macht nur eine Illusion ist? – Daß das Deutschland, von dessen Aufbau Du jahrelang geträumt hast, in den Händen von solchen Personen zum Selbstzweck mißbraucht wird? – Und alles das geschieht mit Deinem Namen, einem Namen, den jeder Deutsche kennt und dem viele vertrauen.

Muß ich Dir sagen, daß man Dich verwendet wie ein Werkzeug? Daß man nur Deinen Namen und Deine Unterschrift als Aushängeschild dem deutschen Volke hinhält? Daß Deine Liebe, das deutsche Volk, mit Deiner Hilfe vernichtet wird? Schau mit offenen Augen – und Du mußt wahrnehmen, daß die ganze Propaganda, die Plakate und Aufrufe für Frieden umkreist werden von Uniformen, und daß die deutsche Jugend in Deiner demokratischen Republik vorbereitet und trainiert wird für ein noch größeres und vollkommeneres Blutbad. Wenn Du in Deinem Auto durch die Straßen fährst, versuch die Menschen zu erfassen, so wie sie sind, hungrig und in Angst vor dem Morgen. Sie wünschen nur eins: in friedlicher Sicherheit zu leben! Blick auf die wieder marschierende Jugend in Uniform und Militärstiefeln: hast Du das nicht schon einmal gesehen?

Wir hatten wenig zu sagen, als wir uns verabschiedeten. Ich fühlte, Du ahntest, was in mir vorging, nämlich daß ich mich bereits entschieden hatte, niemals an dem Traum von Deinem Deutschland teilzunehmen, der sich zusehends in einen Alpdruck verwandelte.

Als mein Vater besitzt Du meine Liebe, wenn ich Deine Arbeiten lese, so glaube ich zu begreifen, was Du pflanzen und pflegen wolltest, aber wenn ich sehe, was aus Deinem Werk emporschießt, – eine Finsternis, die aufs neue Europa bedroht, dann bin ich froh, daß sich unsere Wege getrennt haben.

Dein Sohn John T. Becher[1]

---

1 John T. Becher an seinen Vater Johannes R. Becher, Plakat im Bestand des Archivs der sozialen Demokratie (Friedrich Ebert-Stiftung), in:

Ein traurig schöner Brief, den der MDR 1999 in seine Reihe von 365 Briefen aufgenommen hat, die für das 20. Jahrhundert stehen sollten.[2] Unkommentiert, denn er scheint ja ganz für sich selbst zu sprechen. Ein Sohn liest seinem Vater die Leviten. Er öffnet ihm die Augen, sagt ihm jene bitteren Wahrheiten, die der Dichter, der zum Ideologen verkommt, nicht wahrhaben will: Dass er sich hinter Stacheldraht vor dem Volk verstecke, dem doch seine Liebe gehöre. Dass er sich widerspruchslos kalten Bürokraten beuge, die das natürliche Gefühl nicht verstünden, dass ein Sohn bei seinem Vater leben wolle. Dass seine Macht nur eine Illusion sei, man sich seiner als ein Werkzeug bediene, ein Aushängeschild, um das Volk zu betrügen. Dass aus seinem Traum vom Frieden ein Alptraum werde, die Vorbereitung der Jugend auf ein neues Blutbad, eine neue Bedrohung für Europa, die als Finsternis aus seinem Werk emporschieße.

Wann hat je ein Sohn so mit seinem Vater abgerechnet. Der Brief Kafkas an den seinigen verblasst dagegen. So viel Mannesmut und Weitsicht, und das alles aus Liebe zum Vater ... Ist es so? War es so? Wovon erzählt dieser Brief, wenn wir ihn in den Kontext seiner Entstehung stellen?

Ja, es stimmt: die Partei- und Staatsführung jenes Sozialgebildes, das der „erste Arbeiter- und Bauernstaat auf deutschem Boden" sein wollte, hatte sich im Pankower „Städtchen", am heutigen Majakowskiring wie in einem selbstgewählten Getto hinter Stacheldraht vor dem eigenen Volk verschanzt, dem es eine bessere Zukunft versprach. Aber was heißt „eigenes Volk"? Das Volk war weder ihr Besitz noch ihnen zu eigen im Sinne einer organisch gewachsenen Anhängerschaft. In seiner Mehrheit hatte es Hitler gewählt und nicht nur ertragen, sondern durchaus vom Nationalsozialismus profitiert, bis der Krieg, mit dem man zunächst die anderen Völker überzog, auch das eigene zu ruinieren begann. Die neuen Machthaber waren ohnmächtig: sie kamen aus den Konzentrationslagern, wo Deutsche ihre Genossen erschlagen hatten, oder aus der Emigration, wo man auch sie erschlagen hätte, wenn die Wehrmacht siegreich gewesen wäre.

„Jeder habe eine Leiche im Keller, es sei nur eine Frage der Zeit, wann sie zu stinken beginne." Dieser Satz findet sich in den Briefen nahezu aller Remigranten. Sie waren in ein Land heimgekehrt, das ihnen fremd geworden war, sie selber Fremde gegenüber einem Volk, das sich nicht selbst befreit hatte. Die Macht bestand in den Gewehren der Besatzer, nicht in Ideen oder Programmen. Und das war ja das Trauma des Kommunismus seit der Pariser Commune: dass jeder Versuch einer sozialen Befreiung, sobald er die Machtverhältnisse anzutasten begann, in seinem eigenen Blut erstickt ist. Marx' Erwägung einer „Diktatur des Proletariats" als Instrument, um in einer Übergangszeit die nötigen Veränderun-

https://www.europeana.eu/portal/de/record/2022022/11088_48D8F188_555A_4E8A_93DD_E021 E5D33539.html. Vgl. auch: Briefe an Johannes R. Becher. 1910-1958, Aufbau-Verlag Berlin und Weimar 1993, S. 397–399.

2 Meine liebe ! Sehr verehrter ! 365 Briefe eines Jahrhunderts. Eine Sendereihe des MDR Kultur. Hrsg. von Barbara und Peter Gugisch, Buch im Rhino-Verlag und dreiteilige CD bei HörZeichen.

gen mit Macht durchzusetzen, war als Reaktion auf das Hinschlachten der Kommunarden ein Akt geistiger Notwehr. Ein Provisorium, das Lenin, von den Interventionsmächten umringt, zum Allheilmittel erhob und Stalin zur Tugend verklärte.

Die Diktatur des Proletariats werde alles Zerstörende zerstören, den „Geist der Vernichtung mit seinen eigenen Mitteln ... vernichten", schrieb Becher 1924.[3] Da war er zum zweiten Mal der KPD beigetreten. Das erste Mal im Januar 1919 – als Zeichen der Solidarität mit einer Partei, deren Köpfe soeben von der Konterrevolution ermordet wurden. Im Herbst 1918 aus der Jenaer Psychiatrie entlassen, wo er sich als exzessiver Morphinist einer Entziehungskur unterzogen hatte, wollte Becher sein Medizinstudium fortsetzen, wurde jedoch nicht immatrikuliert, weil er kein polizeiliches Führungszeugnis für die vergangenen drei Jahre unsteter Wanderschaft zwischen München, Leipzig und Berlin vorweisen konnte. Harry Graf Kessler gestand der Genesene, Erich Mühsam habe ihn nach München zur Verteidigung der Räterepublik gerufen, doch wollte er nicht als „Dilettant in der Politik" mitlaufen.[4] Stattdessen schrieb Becher den Gedichtband „An alle" und verarbeitete im Sommer die geschlagene Novemberrevolution zum Schauspiel „Arbeiter Bauern Soldaten. Der Aufbruch eines Volks zu Gott". Darin erscheint Rosa Luxemburg als „Frau", deren Stimme allein einen „Kriegsherrn" zur Umkehr bewegt. Und so verstand er, ganz im Geist des Expressionismus, sein eigenes Schreiben: expressiv, zum reinen Ausdruck verdichtet, soll Sprache das Göttliche im Menschen befreien und jene Verbrüderung ermöglichen, die im Kreislauf von Gewalt und Gegengewalt immer wieder scheitert.

Doch die Verhältnisse ändern sich nicht. Die Inflation, in der die Vermögenden, die Besitzer von Grund, Boden, Häusern und Fabriken ihren Wohlstand vermehren, während alle anderen ihre Ersparnisse verlieren, lässt ihn verzweifeln: Gegen diese ungreifbare Gewalt hilft nur gewaltsame Organisation. Becher will Teil einer umwälzenden Bewegung werden und tritt in eine straff organisierte Kaderpartei nach russischem Vorbild ein. Er verfasst den Anti-Kriegsroman „Levisite" (1926), der vorwegnimmt, was Ernst Jünger 1930 als Kennzeichen der Moderne beschreiben wird: die totale Mobilmachung, die zwischen ziviler und Kriegsproduktion kaum mehr zu unterscheiden vermag, weil Chemiebetriebe jederzeit die Produktion von Farben in die von Kampfgasen umstellen können, womit herkömmliche Abrüstungsverhandlungen zur Farce werden.

1927 wird Becher für diesen Roman des literarischen Hochverrats angeklagt. Dutzende Schriftsteller, darunter Brecht, Döblin, Mühsam und Toller, aber auch Barbusse, Gorki, Dos Passos, Rolland und Sinclair solidarisieren sich mit dem

---

3 Von der Tribüne (1924), in: Johannes R. Becher. Publizistik I, 1912–1938, Gesammelte Werke (GW) Bd. 15, Aufbau-Verlag Berlin und Weimar 1977, S. 35.
4 Harry Graf Kessler, Das Tagebuch, J. G. Cottasche Buchhandlung, Stuttgart 2007, Bd. 7, S. 163.

Autor, der dadurch erst ein Begriff wird. 1928 stellt das Reichsgericht den Prozess ein, Becher heiratet die Chemikerin Lotte Rotter, eine junge Kommunistin jüdischer Abstammung aus Brünn, die ihm die Fachliteratur für das Buch übersetzt hat, gründet einen Bund proletarisch-revolutionärer Schriftsteller und sieht sein Glück mit der Geburt ihres Sohnes Hans Thomas vollendet. Aufgehoben in einer kleinen Familie, die sich als Teil der großen Weltfamilie des Proletariats empfindet, reist der Lyriker fortan regelmäßig nach Moskau, wo er 1930 ins Präsidium der Internationalen Vereinigung proletarisch-revolutionärer Schriftsteller gewählt wird.

Welcher Aufschwung, welche Hoffnungen. Doch dann der Schock: Im Januar 1933 kommt Hitler an die Macht. Becher will das Land nicht verlassen, als Dichter brauche er die deutsche Sprache. Doch sein Name steht auf den Listen derer, die gesucht und verhaftet werden. So flieht er mit dem Ausweis eines Helmut von Frankenberg im Messezug von Leipzig über Prag nach Brünn. Dort übergibt er den Pass an einen Friedrich Nagel, der die nächsten vier Jahre lang unter dem fremden Namen bei Lotte und dem Jungen leben wird. Denn ihre Ehe hatte längst Risse bekommen, lange vor der Trennung durch die Wirren der Emigration.

Becher fährt weiter über Wien, um sich mit Brecht zu verständigen, nach Moskau, wo er die Redaktion der Zeitschrift „Internationale Literatur" übernimmt. Während die Komintern behauptet, der Machtantritt Hitlers sei nur ein Zeichen für die Schwäche des Kapitals und damit der sichere Vorbote für den kommenden Sieg des Weltkommunismus, schreibt Becher das Epos „Deutschland, ein Lied vom Köpferollen", in dem er sich die Niederlage eingesteht und im Traueraltar von Rothenburg ihren Schrecken visionär verdichtet:

> Ich habe den Rothenburger Altar / Voll *unserer* Gesichter gesehen. /
> Ich sah daraus das Bild unserer Zeit, / Aus Holz geschnitten, erstehen. //
> Ich sehe Galgen und Kreuze darin / Und Blöcke zum Köpferollen, /
> Es bricht aus dem Bilde das Blut heraus, / Es blutet an vielen Stellen.[5]

Wie Peter Weiss vier Jahrzehnte später in der „Ästhetik des Widerstands" will auch Becher die Kraft zum Widerstehen im Ästhetischen verankern, in der Schärfung der Wahrnehmungen. Er sucht nach den Gründen der Niederlage und findet sie in der Selbstisolierung seiner Partei, die über die Köpfe der Leute hinweg sprach, aber nicht mit ihnen:

> Zu wenig haben wir geliebt, daher
> kam vieles. Habe ich vielleicht gesprochen
> Mit jenem Bauern, der den Weinstock spritzte

---

5 Johannes R. Becher. Deutschland, ein Lied vom Köpferollen, GW Bd. 7, S. 150 f.

Dort bei Kreßbronn. Ich hab mich nicht gekümmert
Um seinen Weinstock. Darum muß ich jetzt
Aus weiter Ferne die Gespräche führen,
Die unterlassenen. Fremd ging ich vorbei
Mit meinem Wissen, und an mir vorüber
Ging wieder einer mit noch besserem Wissen.
O überall war besseres Wissen, jeder
Besaß die Weisheit ganz. Doch die Liebe fehlte
Und die Geduld. Und das Beisammensitzen.
Aussprache alles dessen bis ins kleinste,
Was nottat und was marterte die Seelen.[6]

Gegen die fortgesetzte Selbstabschottung der Besserwisser in der Moskauer
Zentrale drängt Becher auf einen „Weststützpunkt", sucht die verstreut lebenden
Emigranten auf und organisiert 1935 in Paris einen „Kongress zur Verteidigung
der Kultur". Dabei trifft er sich 1934 ein letztes Mal mit Frau und Kind in
Brünn, wo Lotte ein Reisebüro eröffnet hat. 1937 wird ihre Scheidung vollzogen,
eine amtliche Formalität. Im Jahr darauf gelingt Lotte Rotter mit dem Sohn,
der nun Jan Tomas heißt, die Flucht nach London. Becher ließ ihr seine wenigen
Westhonorare in Valuta zukommen und nach 1945 die Miete für ihr Reihenhaus,
das sie 1933 in Zehlendorf verlassen mussten.

Natürlich war er sich bewusst, was die Trennung für ein Kind bedeutet. Aber
darunter lag noch ein ganz anderes Bewusstsein, versagt zu haben. Zwischen
1935 und 1938 entsteht das folgende Gedicht.

Ich habe Angst, das Spiel zu wiederholen.
Ich flieh vor dir, und du bist doch: mein Sohn.
Ich schlug dich nie. Ich hab dir nichts befohlen.
Es war mir so, als würdest du mir drohn

Mit jenem Tag, an dem du zu mir trittst
Und sagst: „Ich geh. Ich hab genug gelitten."
Was ich erlitt einst, jetzt auch du erlittst.
Es war zu spät, dir dann noch abzubitten …

Ich flieh vor dir und kann dir nicht entfliehen,
Denn kommt der Tag nicht, wird ein andrer sein.
Du wirst mich finden und mich an dich ziehen:
„Nie spieltest du mit mir. Ich war – so klein –"

Und schaust mich, deinen Vater, fragend an:
„Ich bin dein Sohn. Was hab ich dir getan?!"[7]

---

6 Johannes R. Becher. Das Holzhaus, aus: Der Glücksucher und die sieben Lasten (1938), GW Bd. 4,
   S. 157 f.

Keines seiner besten Gedichte, aber vielleicht das ehrlichste. Das Eingeständnis der Angst, dem eigenen Sohn anzutun, was er selbst unter seinem Vater erlitten hat. Und aus dieser Angst heraus dem Sohn nicht geben zu können, was er braucht: Liebe, Zuwendung, das einfache Miteinander des freien Spiels ...

Schauen wir noch einmal auf den Brief, bevor wir nach dem anderen, dem zwanghaften Vater-Sohn-Spiel fragen, das Becher gerade nicht wiederholen wollte. Da passiert nun also, was Becher seit mehr als einem Jahrzehnt erwartet hat: im Dezember 1950 kommt der Sohn und fragt: „Was hab ich dir getan?!" Er ist 22, nicht 12, sondern 16 Jahre der Trennung liegen zwischen ihnen, Welten, Odysseen.

> Will hierbleiben. Eine peinliche Fremdartigkeit, die ich mich bemühe, ihn nicht fühlen zu lassen, die aber dadurch um so deutlicher ihm entgegentritt. Ich befürchte von ihm eine Geste der Zärtlichkeit und ziehe mich hinter Geschäftliches zurück, jedes Menschliche versachlichend. Vorerst gelingt mir diese Verdinglichung.

notiert Becher in sein Tagebuch, und kurz darauf:

> Der fremde Sohn. Wobei ich bestrebt bin, durch Hervorrufung von Erinnerungen die Entfremdung zu bannen, was noch mehr Befremden zur Folge hat. Nicht gerade verdächtig, aber doch undurchsichtig, ein Stich ins Unheimliche, Rätsel: wer ist er nur?[8]

Was will er wirklich, der Fremde, der aus England kommt, in einem Augenblick, da sämtliche Westemigranten im Verdacht des Verrates stehen, und jene vor allem, die wie Lotte und Tomas mit Hilfe einer amerikanischen Organisation aus Prag nach London flohen. Unmöglich, ihn jetzt im Regierungsviertel zu empfangen. Gerade jetzt, da sich im Westen ein Weg eröffnet, der seinen Spielraum in der Partei erweitern könnte. Am 16. Dezember, zwischen den Eintragungen, fährt Becher nach Bad Saarow, um bei einem Lehrgang für Nachwuchsautoren im Schriftstellerverband zu sprechen, und wohl auch mit John unter vier Augen in seinem „Traumgehäuse", einem Bungalow mit zwei, drei winzigen Zimmern unter Bäumen am See, seinem Fluchtpunkt, eine Autostunde von Berlin entfernt, den er seit kurzem zur Miete bezieht. Keine der Villen, wo einst und heute wieder die Betuchten aus dem Westteil der Hauptstadt residieren. Auch in Pankow bewohnte Becher kein „großes Haus", wie das Flugblatt behauptet, es war und ist heute wieder ein Einfamilienhaus. Was Vater und Sohn in Saarow sprachen, darüber haben beide nie berichtet.

---

7 Johannes R. Becher. Der Sohn, aus: Gewissheit des Siegs und Sicht auf große Tage (1939), GW Bd. 4, S. 273 f.
8 Johannes R. Becher. Auf andere Art so große Hoffnung. Tagebuch (1951), GW Bd. 12, S. 552, 555.

Vielleicht hätte ein Zeichen rückhaltlosen Vertrauens, eine Lebensbeichte, ein Verstehen ermöglicht, doch hatte ihn nicht die Politik gelehrt, gerade dem sentimentalen Schein verwandtschaftlicher Nähe zu misstrauen? Wirkt die Fremdheit in Bechers Tagebuch nicht ehrlicher als die Beschwörung der „freudigen Blicke" des Vaters, die John „ewig in Erinnerung" bleiben würden? Zu perfekt schlägt in dem Brief vom Januar 1951 das greifbare Glück in das Elend von Fragebögen um, die er für Partei und Innenministerium ausfüllen muss und die nahtlos in die Anklage übergehen, ob der „Führer des neuen Deutschlands" nicht merke, dass er nur ein Werkzeug sei, dass mit seiner Hilfe die Jugend wieder in Uniform aufmarschiere, dass aus seinem Werk „eine Finsternis" emporschieße, die aufs neue Europa bedrohe. Das vollendete Arrangement des Briefes verrät seine innere Brüchigkeit. Dem wirklich Erfahrenen wird eine Botschaft aufgesetzt, die den Stil Kalter Krieger verrät.

Nur nebenbei: Mit welchen Fragen hätte man wohl den Sohn eines hohen Regierungsbeamten in Washington oder Bonn konfrontiert, der plötzlich, auf einem Siedepunkt des Kalten Krieges, ohne jede Vorankündigung aus Moskau oder Ostberlin kommend, bei seinem lang geschiedenen Vater aufgetaucht wäre, um mit ihm zu leben?

Doch das verschweigt John ja selbst: warum er nach 16 Jahren bei seinem Vater auftaucht. Die Wahrheit, die bis heute jeder Nachdruck des Briefes ausblendet: der Sohn war Mitglied der KP Englands und gerade selbst Vater geworden.[9] Er floh vor eben dieser Vater-Rolle, vielleicht suchte er bei seinem Vater einen Rat, vielleicht glaubte er aber auch, in der DDR ein neues Leben beginnen zu können. Das kafkaeske Misstrauen der Ostberliner Sicherheitsapparate hatte er gewiss nicht erwartet. Es muss ihn verletzt haben. Doch was er daraus macht, ist ein Manifest des Antikommunismus, dessen Stil an den einstigen Kommunisten Artur Koestler erinnert, der in Berlin auch mit Becher und in England noch immer mit Lotte und John befreundet war. Das Bild von der neuen Finsternis zitiert bewusst oder unbewusst sein eigenes Hauptwerk „Sonnenfinsternis" von 1940.

Beides – Buch und Brief – sind sprachlich brillant. Das Bild von der aufschießenden Finsternis kraftvoll bedrohlich – aber stimmt es? Wurde denn – nur – im Osten die Jugend für ein neues Blutbad trainiert? In einem Filmporträt über Becher wird der Text zu Bildern eines Aufmarsches der FDJ beim Pfingstfestival 1950 gesprochen.[10] Natürlich marschieren diese Jugendlichen, aber nicht martialisch in militärischer Disziplin, sondern in offenen Reihen und individuell kenntlich. Die Bilder mögen Naziaufmärschen – auf den ersten Blick – gleichen, aber das Gleiche ist nicht Dasselbe. Vergleichen heißt, neben Gemeinsamkeiten auch

---

9 Am 15. August 1995 schrieb mir John Becher, er habe geglaubt, seinen Vater überreden zu können, in den Westen zu kommen („I could persued him to the West"), um wieder eine Familie zu sein. Eine Familienlegende.

10 Über den Abgrund geneigt. Leben und Sterben des Johannes R. Becher. Ein Film von Ulrich Kasten und Jens-Fietje Dwars. RBB/SWR/arte 2000.

und gerade Unterschiede erkennen. Insofern wünsche ich mir einen genauen Vergleich der Systeme, der nicht alles in einen Brei vorgefertigter Urteile vermengt, zu deren Illustration das Material der Geschichte verkommt.

Der Brief jedenfalls, dieses Dokument eines schwierigen Vater-Sohn-Verhältnisses, diente und dient bis heute als Munition im Kalten Krieg. Es war ja auch kein privater, sondern von Anbeginn ein offener, ein für die Öffentlichkeit bestimmter Brief, der zuerst im Februar 1951 in der CIA-finanzierten Zeitschrift „Der Monat" von Melvin Lasky erschien. Im Propagandaorgan jenes Haudegens, der 1950 in der Frontstadt Westberlin einen „Kongreß zur Verteidigung der Kultur" organisiert hatte – wie Becher 15 Jahre davor in Paris.

Familienkämpfe in Großformat: die Renegaten, die aus der proletarischen Weltfamilie ausbrachen, nutzen die kleine Familie für ihre Abrechnung mit dem „Totalitarismus" – und sie werden dabei wieder zu Ideologen, die das Leben anderer instrumentalisieren. Eine auf andere Art totalitäre Politik bemächtigt sich des privaten Lebens, dessen Freiheit und Unantastbarkeit sie scheinheilig preist, um zugleich seine intime Tragik für ihre Zwecke auszuschlachten.

Becher hatte ja die Klage des Sohnes seit Jahren erwartet. Er fühlte sich schuldig, weil er die Schuld seines Vaters an ihm selbst nicht am eigenen Sohn wiederholen wollte. Doch welche Schuld, welches Vater-Sohn-Spiel wollte er nicht mitmachen? In seinem autobiografischen Roman „Abschied", der 1940 in Moskau erschien und zur selben Zeit entstand wie das Gedicht an den Sohn, erkundet der Emigrant das Trauma seiner Kindheit: ein wilhelminisches Erziehungsmuster – die autoritäre Ausrichtung auf Ordnung, Gehorsam, Kaisertreue.

Sein Vater, Dr. Heinrich Becher, war Sohn eines Rechnungs-Revisors in Bayreuth und stieg als Staatsanwalt, später Richter, zum Rat am Bayerischen Obersten Landgericht auf. Der Sohn behauptete gar, sein Vater sei Oberlandesgerichtspräsident gewesen, aber diese Krönung der Karriere blieb ihm verwehrt, wahrscheinlich durch den missratenen Sohn. Der wurde 1891 geboren und auf den Namen Hans Robert getauft. Natürlich erzog der Vater ihn zu strenger Disziplin. Und natürlich hat er damit das Gegenteil erreicht: der Knabe wird ein widerspenstiger Schüler. „Nicht unbegabt, aber noch sehr kindisch. Läßt sich sehr leicht zerstreuen und lacht über jede Kleinigkeit. – Außerordentlich lebhaftes Temperament. Neigt zu Unordnung u. Schlamperei." Heißt es in einem Zeugnis von 1901.[11]

Der Vater weiß sich keinen Rat mehr. Er schlägt nicht, er stellt Regeln auf. Und das ist noch schlimmer: „Der Vater behandelte mich immer als den Angeklagten – von Kindheit auf war ich angeklagt und hatte den Vater als Richter vor mir, der mich ununterbrochen schuldig sprach und ein Urteil nach dem anderen

---

11 Vgl. Jens-Fietje Dwars. Abgrund des Widerspruchs. Das Leben des Johannes R. Becher, Berlin 1998, S. 30 f.

fällte."[12] Das ist schlimmer als Schläge: diese unangreifbare Herrschaft durch Rationalität, die keine Nähe erlaubt, nicht einmal den Kontakt der strafenden Hand. Absoluter Liebesentzug und permanente Überwachung brechen dem Kind früh das Rückgrat.

1902 gibt der Vater den Elfjährigen in ein Erziehungsheim nach Oettingen, wo der kommende Dichter sitzen bleibt – in Deutsch. Dass die Darstellung des Heimdirektors Dr. Förtsch im Roman „Abschied" ein heimlich unheimliches Stalin-Porträt enthält, sei nur am Rande erwähnt.[13] 1903 kehrt der Junge nach München zurück und kommt auf das Wilhelmsgymnasium, wo er sich fortan zu fügen scheint, bis der Abiturient in der Lyrik eine Gegenwelt entdeckt und 1909 über 500 Gedichte schreibt. Der Vater, der ihn zum Offizier bestimmt hat, hält die Verse für Wahnsinn. Dehmel, der anerkannteste Dichter dieser Zeit, dem Becher gesteht, „auch einer der Großen ... werden"[14] zu wollen, schreibt dem Jungen, seine Gedichte seien noch mehr Rauch als Feuer und nur eine sieben Jahre ältere Zigarrenverkäuferin gibt ihm, was er sucht: Verständnis, Anerkennung, Zärtlichkeit.

Doch Franziska Fuß ist auf der Suche nach einem Mann, der mit ihr in den Tod gehen will. Und so unternehmen die beiden am Ostersonntag 1910 einen Doppelselbstmordversuch. Sie stirbt im Krankenhaus, er überlebt nach einer schweren Operation und beschließt, Medizin zu studieren. Ein Skandal. Nur mühsam gelingt es Dr. Heinrich Becher, eine Anklage des Sohnes wegen Tötung auf Verlangens abzuwenden.

In Berlin sitzt der wiedergeborene Dichter, der sich nun Johannes R. nennt, mehr in Caféhäusern als in Hörsälen, so dass ihn sein Vater nach München zitiert. Auch dort schreibt er einen Roman, Erzählungen und Gedichte, die ihm, zum Doppelband „Verfall und Triumph" vereint, 1914 den Durchbruch bringen. Mit 23 Jahren ist Becher *die* expressionistische Stimme der Jugend: aufmüpfig, rebellisch, trotzig und melancholisch traumverloren zugleich.

> Der Dichter meidet strahlende Akkorde.
> Er stößt durch Tuben, peitscht die Trommel schrill.
> Er reißt das Volk auf mit gehackten Sätzen.[15]

Diese drei Zeilen aus dem Eingangsgedicht zum Band „An Europa" stehen für eine ganze Epoche. Sie stammen von 1916, dem Jahr, in dem der Vater den nun zwar berühmten, aber nahezu einkommenslosen Sohn seines Hauses verweist. Er war es leid, die Launen des Jungen zu ertragen und seine Entziehungskuren

---

12 Johannes R. Becher. Wiederanders. Romanfragment (1957/58), GW Bd. 11, S. 441.
13 Vgl. Dwars. Abgrund ..., S. 458–463.
14 Johannes R. Becher. Briefe, 1909–1958, Aufbau-Verlag Berlin und Weimar 1993, S. 8.
15 Johannes R. Becher. Einleitung, aus: An Europa (1916), GW Bd. 1, S. 173.

zu finanzieren. Denn seit 1914 war er dem Morphium verfallen, dem Rausch, von dem die Avantgarde der Bohème mit Rimbaud eine Entregelung der Sinne erhoffte. Am Ende wird sich Becher, laut Jenaer Krankenakte, bis zu 40 Spritzen einer zweiprozentigen Morphiumlösung täglich injizieren … Bis er 1918 die Abhängigkeit überwindet.

In seinem Roman „Abschied" hat der Dichter diesen ganzen Komplex seiner autoritären Erziehung, seiner Ich-Schwäche, schwankend zwischen Ruhmsucht und Selbstzerknirschung, aufzuarbeiten, den „Strammsteher" in sich selbst zu überwinden versucht. Der Kulturbund zur demokratischen Erneuerung Deutschlands, den er im Sommer 1945 mit anderen Intellektuellen in den Trümmern von Berlin schuf, war mehr als eine kommunistische Tarnorganisation. Er sollte nach zwölf Jahren Sprachverlust unter der Diktatur, den er auf andere Art ebenso in Moskau erlitten hatte, einen Freiraum schaffen, um wieder einander zuhören und miteinander sprechen zu lernen. Wie er es im Gedicht „Das Holzhaus" von 1938 vermisst hatte:

> … die Geduld. Und das Beisammensitzen.
> Aussprache alles dessen bis ins kleinste,
> Was nottat und was marterte die Seelen.

„Erziehung zur Freiheit" hieß das Buch, das er 1946 als sein Programm herausgab. Stalin kam darin nirgends vor, stattdessen ein Plädoyer für Demokratie im Luxemburgschen Sinne: nicht als Schlagwort, sondern elementare Voraussetzung für den „organischen Zusammenhang" einer Gesellschaft, die ohne freie Auswahl ihrer Besten nicht gedeihen könne.[16] 1946 flog Becher mit dieser Haltung aus dem Parteivorstand der SED und sollte auch als Präsident des Kulturbundes abgelöst werden. Dass er sich dann ab 1948/49 wieder der Partei fügt, war nicht nur Feigheit, sondern auch mangelnden Alternativen und realen Reformen geschuldet, die er vor allem 1954 bis 1956 durchzusetzen vermochte.

Die tiefste Dimension aber, die all diesen Wandlungen des Johannes R. Becher zugrunde liegt, dürfte im Guten wie im Schlechten sein väterliches Erbe sein. Denn jede bloße Negation, jede Opposition bleibt dem verpflichtet, wogegen sie kämpft. So hat Becher gerade im Aufruhr gegen den Vater dessen Werte und Haltungen reproduziert: den bürgerlichen Geltungsdrang, das Bedürfnis, „eine große Rolle" zu spielen, das Vaterlandspathos und die Kaisertreue. Natürlich war er stolz, es am Ende auf drei Präsidentschaften gebracht zu haben: im Kulturbund, in der Akademie der Künste und als erster Minister für Kultur der DDR ab 1954.

Der missratene Sohn hatte es seinem Vater bewiesen! Wie denn so oft in der Geschichte die missratenen die eigentlich besser geratenen Söhne sind – im Unter-

---

16 Johannes R. Becher. Erziehung zur Freiheit (1946), GW Bd. 16, S. 615.

schied zu den Angepassten, die brav und artig den vom Vater vorgegebenen Weg zu Glück und Wohlstand beschreiten. Aufruhr, Rebellion und Scheitern um neuer Werte willen geben einem Leben Gewicht, nötigen uns, sich seiner zu erinnern. Auch Becher wäre vergessen, wenn er nicht zuletzt alles verloren hätte: 1957 musste er als Hauptverantwortlicher für eine vermeintliche Konterrevolution im Kulturbund von all seinen Ämtern zurücktreten und starb, von den Genossen verraten und allein gelassen, 1958 einen einsamen Tod.

Was war nun das fatale Vater-Sohn-Spiel, mit dem Becher doch brechen wollte? In „Abschied" zeigt der Sohn den Vater ohnmächtig in seiner Macht. Er schreit und zerschlägt das Porzellan, als wolle er das ganze Heim, das er mit seiner Selbstdisziplin erschaffen hat, diese Ordnung, die zu lieben er den Sohn mit Strenge erzog, zerstören, zerbrechen, vernichten, um sich selbst von ihr zu befreien. Ein in sich, in der Vater-Rolle Gefangener, der eben deshalb kein wirklicher, kein liebender Vater sein konnte. Als ein solcher hätte er auch Nicht-Vater sein müssen, selbst noch Kind, das sich spielend auf die Welt des Kindes einlässt, statt ihm seine aufzuzwingen. Johannes R. Becher sah diese Insouveränität, diese Unfähigkeit zu lieben aus innerer Leere, die in Rollenspiele floh, und hat sie doch geerbt. Er hat den Schatten dieser Erbschaft kenntlich gemacht, darüber springen konnte er nicht. Und er war damit nicht allein. Eine ganze Reihe linksbürgerlicher Intellektueller suchte in den 1920er Jahren in der kommunistischen Weltbewegung eine neue, völkervereinende Familie und übertrug gerade damit ihre bürgerlichen Erziehungsmuster auf die ersehnte Alternative, bis hin zur Verklärung Stalins zum Vater der Völker.

So findet man in Bechers Leben und Werk beides: Als Sohn seines Vaters, als Bürgersohn will er zeitlebens eine „große Rolle" spielen, sein labiles Ich als Sprecher einer allvereinenden Macht („Gott", die „Partei" oder „Deutschland, einig Vaterland") aufheben. Doch in den Augenblicken der Niederlage, wenn seine Pathos-Projektionen sich zerschlagen, da öffnet er sich selbst für die Energien und Lebensgeschichten anderer ringsum und vermag sie tatsächlich in bleibenden Versen zu verdichten: wie in seinen besten Gedichten über deutsche Städte, mit denen er im Exil ihrer Vereinnahmung durch die Nazis widerstand, oder in den „Sieben Tafeln des Gedenkens", die 1946 sieben Namenlosen ein Gesicht gaben, die ohne Parteiauftrag Widerstand leisteten, die sich aus individuellen Gründen einer Gleichschaltung verweigerten.[17] Gedichte, die in leisen Tönen, an der Grenze zum Schweigen, zum Verstummen, das Dennoch-Lebendige festhalten, auch in Naturbildern, die über den Staatsdichter vergessen werden.[18]

---

17 Sieben Tafeln des Gedenkens, aus: Heimkehr (1946), in: GW Bd. 2, S. 438–442 – Vgl. auch den Versuch, aus 4000 Becher-Gedichten die bleibenden auszuwählen: Johannes R. Becher. Hundert Gedichte. Hrsg. von Jens-F. Dwars, Berlin 2008.

18 Vgl. Johannes R. Becher. Wolkenloser Sturm. Ahrenshooper Gedichte. Hrsg. von Jens-F. Dwars, Bucha bei Jena 2009².

Aber das liegt ja an uns selbst: ob wir unser armseliges Besserwissen an den schlechten Gedichten demonstrieren, oder uns reicher machen, indem wir die gelungenen entdecken, sie uns als Erbe erschließen.

PS: Anfang der 1990er Jahren kam ein Mann ins Archiv der Berliner Akademie der Künste, der die Mitarbeiter erschrecken ließ. Denn er sah aus wie der junge Johannes R. Becher. In gebrochenem Deutsch bat er um Auskunft über seinen Großvater. Er wolle sehen, was für ein Mensch das gewesen sei, denn mit seinem Vater könne er darüber nicht reden, über nichts könne er mit seinem Vater noch reden. So scheint die Hassliebe zwischen Vater und Sohn, in der sich Privates mit Politischem vermengt, bei den Bechers zum Familienfluch geronnen, der über Generationen fortwirkt. Es stimmt: das Private ist immer politisch und das Politische nicht, wie heute üblich, Privatsache. Doch wer aus dem Privaten politisches Kapital schlägt, ist ein Falschmünzer.

Meinem lieben Vater.
München 30/XII 1911. Erich Mühsam.

Kain-Kalender
für das Jahr 1912.

Herausgeber: Erich Mühsam.

Sämtliche Beiträge sind vom Herausgeber.

München 1912.
Kain-Verlag.

Kerstin Klein

Der Fall Klaus Mann

Generationsproblematiken am Beginn der Schriftstellerlaufbahn Klaus Manns

„Wir sind eine Generation"[1], schrieb Klaus Mann 1927 noch in den Anfängen seiner schriftstellerischen Karriere. Die Verortung seiner selbst im Jugend- und Generationendiskurs der Zwischenkriegszeit sollte viel Raum in seinem frühen Schreiben einnehmen.

Klaus Mann steht in dreifacher Hinsicht in einer Generationenfolge: Erstens in der genealogischen Generationenfolge als Kind Thomas und Katia Manns, zweitens als ein Wortführer einer jungen Schriftstellergeneration in den Zwanzigerjahren und drittens als Schriftsteller in der Nachfolge seines Vaters.

Im Folgenden soll der Frage nachgegangen werden, ob die (Selbst-)Verortung Klaus Manns in den drei unterschiedlichen Bezügen jeweils einen Konflikt zu einer gegebenen gesellschaftlichen Ordnung auslöste und dadurch eine Gesellschaftskritik begründete bzw. welcher Motivation seine Debatten-Beiträge folgten.

Kind im Hause Mann – Klaus Mann als Sohn

Die Beziehung der Eltern Thomas und Katia zu ihren sechs Kindern ist Thema jeder Biografie der acht Protagonisten, entsprechend ausführlich auch in den biografischen Standardwerken zu Klaus Mann.[2] Während seine Beziehung zur Mutter Zeit seines Lebens eine sehr enge, herzliche war, stellte sich die zum Vater phasenweise als problematisch, aber nie eindeutig negativ dar. Im Rahmen der Fragestellung interessieren hier allerdings nicht die individuellen Eltern-Kind-Beziehungen, sondern die Frage, ob es einen generationellen Konflikt innerhalb der Familie gab, der überindividuell als Gesellschaftskritik zu verstehen ist.

---

1 Klaus Mann, Nachwort zur Anthologie jüngster Lyrik (1927), in: Die neuen Eltern, Aufsätze, Reden, Kritiken 1924–1933, hrsg. von Uwe Naumann/Michael Töteberg, Reinbek bei Hamburg, 1992, 119.

2 Vgl. Fredric Kroll, Hrsg., Klaus-Mann-Schriftenreihe, Unordnung und früher Ruhm (1906–1927), Bd. 2, Hamburg 2006 [zuerst 1977]; Uwe Naumann: Klaus Mann, Reinbek bei Hamburg 2006; Uwe Naumann, Hrsg., „Ruhe gibt es nicht bis zum Schluss". Klaus Mann (1906–1949), Bilder und Dokumente, Reinbek bei Hamburg 2001; Nicole Schaenzler, Klaus Mann. Die Biographie, 2. Aufl., Berlin 2006.

Anlässlich der Geburt Erika Manns schrieb Thomas Mann 1905 an seinen Bruder Heinrich:

> Es ist also ein Mädchen: eine Enttäuschung für mich, wie ich unter uns zugeben will, denn ich hatte mir sehr einen Sohn gewünscht und höre nicht auf, es zu thun. Warum? Ist schwer zu sagen. Ich empfinde einen Sohn als poesievoller, mehr als Fortsetzung und Wiederbeginn meinerselbst unter neuen Bedingungen. Oder so.[3]

Es ist ein bekanntes Zitat, das eine große Bürde beschreibt; gleichermaßen für die offensichtlich zunächst geringgeschätzte Tochter Erika wie für den erhofften und dann tatsächlich schon zwölf Monate später geborenen Sohn Klaus und auch für die weiteren vier kommenden Kinder.

In welcher Hinsicht sich Thomas Mann „Fortsetzung und Wiederbeginn" gewünscht hat, scheint ihm selbst nicht klar gewesen zu sein, wie das „oder so" vermuten lässt. Zumal gerade er die Problematik elterlicher Erwartungshaltungen hätte vorherschen müssen, hatte sein Vater, der Lübecker Kaufmann und Senator Mann, doch weder ihm noch dem Bruder Heinrich die Fortführung seines traditionsreichen Geschäfts zugetraut. Stattdessen gab sich der Schulabbrecher Thomas Mann Schwärmereien für männliche Gleichaltrige hin und schrieb einen Roman über den „Verfall einer Familie", der so deutlich sein Lübecker Umfeld darstellte, dass der Autor von seinem Onkel als Nestbeschmutzer tituliert wurde.[4] Thomas Mann hat bekanntlich weder Militärdienst geleistet, noch hatte er eine (akademische) Ausbildung. In seinem Falle könnte man wohl von einem missratenen Sohn sprechen – zumindest bis sich das Blatt wendete zu Bürgerlichkeit, Ehe, Kindersegen, literarischer Arbeit nach der Stechuhr, Ruhm, Nobelpreis, Reichtum.

Wirft man einen Blick auf Katia Manns Vorfahren und das Umfeld, in dem sie groß wurde, so muss man annehmen, dass es kaum einen Lebensentwurf gab, der Katia Mann, geb. Pringsheim, unbekannt gewesen wäre:

Katia Manns Großvater war Redakteur einer Berliner Satire-Zeitschrift und ständig in Geldnot, die Großmutter bekannte Frauenrechtlerin, Autorin und Pazifistin, der Vater von Hause aus reich, Mathematikprofessor und der Musik wie den Bildenden Künsten zugetan. Die geistige und künstlerische Elite Münchens traf sich im Pringsheimschen Salon. Der älteste Bruder Katia Manns war aufgrund seiner Schulden nach Südamerika verwiesen worden; ihr Zwillingsbruder, der Dirigent und Komponist Klaus Pringsheim, hatte homoerotische Neigungen. Katia Mann dagegen war eine der ersten Abiturientinnen in München, die als

---

3 Thomas Mann an Heinrich Mann, 20. November 1905, in: Thomas Mann. Heinrich Mann. Briefwechsel 1900–1949, Frankfurt/Main 1984, 62.

4 Hans Wysling, Ivonne Schmidlin, Thomas Mann. Ein Leben in Bildern, Zürich 1994, 118.

eine von 37 Frauen an der Ludwig-Maximilian-Universität unter 4500 Männern Vorlesungen besuchte, u. a. Experimentalphysik bei Geheimrat Dr. Röntgen.[5]

Legt man die Biografien der Eltern Mann und ihre eigene Sozialisation zugrunde, scheint wenig wahrscheinlich, dass die Kinder unter drastischen Erziehungsmaßnahmen, wie z. B. das bis weit ins 19. Jahrhundert hinein übliche Brechen des Eigenwillens des Kindes, leiden mussten.[6] Hinsichtlich bürgerlicher Rituale, wie beispielsweise das gemeinsame Essen oder die Mittagsruhe, wurde konventionellen Maßstäben der Kindererziehung allerdings Genüge getan. Die Kinder hatten zwar nicht den Mund zu halten, sondern angemessen zur Tischunterhaltung beizutragen, was zumindest die Söhne so unter Druck setzte, dass sie sich vorab Notizen machten. Golo Mann erinnerte sich

an Szenen bei Tisch, Ausbrüche von Jähzorn und Brutalität, die sich gegen meinen Bruder Klaus richteten, mir selber aber Tränen entlockten.[7]

Er setzte diese Erinnerung jedoch in den zeithistorischen Kontext: Während die Kinder am Vater vor dem Krieg „mit beinah gleicher Zärtlichkeit gehangen [hatten] wie an der Mutter", überwogen während des Krieges und Thomas Manns Arbeit an den *Betrachtungen eines Unpolitischen* „Schweigen, Strenge, Nervosität und Zorn." Zu Katia Mann hatte Klaus Mann Zeit seines Lebens ein inniges und sehr vertrauensvolles Verhältnis. Aber sie war ungeduldig und durch Golo Manns Tagebücher wissen wir auch von Prügel.[8]

Die Familienbriefe aus den Jahren der Kindheit und Jugend der Kinder zeigen ein Gegenbild. Die Kinder wuchsen nicht nur privilegiert, sondern auch in einem liberalen Umfeld auf, Eltern und Kinder kommunizierten offen miteinander. Da schreibt die Mutter an die ältere Tochter, dass die 18-jährige Monika viele „Studenten-Kränzchen" besuche:

Letzten Sonntag gab ich ihr auch ein Bällchen. 25 junge Leute, und man schien ja recht fröhlich und blieb bis 1/2 6 Uhr. Nur das Bier reichte nicht, denn mit dem Konsum von Corps-Studenten hatte ich nicht gerechnet.[9]

Erika Mann berichtet ihrem Vater aus dem Internat von einem ihr unangenehmen Verehrer, der mit ihr eine Bootsfahrt unternehmen möchte:

5 Kirsten Jüngling/Brigitte Roßbeck, Katia Mann. Die Frau des Zauberers. Biografie, München 2003, 46 ff.

6 Vgl. Andreas Gestrich/Jens-Uwe Krause/Michael Mitterauer, Geschichte der Familie, Stuttgart 2003, 585.

7 Golo Mann, Erinnerungen und Gedanken. Eine Jugend in Deutschland, Frankfurt am Main 1986, 41.

8 Vgl. Tilmann Lahme, Golo Mann. Biografie, Frankfurt/Main, 2009, 22, sowie insgesamt das Kapitel „Eine ‚elende Kindheit'".

9 Katia Mann an Erika Mann, 8. Februar 1928, in: Die Briefe der Manns. Ein Familienportrait, hrsg. von Tilmann Lahme/Holger Pils/Kerstin Klein, Frankfurt/Main 2016, 73.

> Nun bitte ich das Mielein sehr, daß sie aus irgend einem triftigen Grund (gefähr-
> lich wäre es leider *gar* nicht) die Sache verbietet. Und so, daß ich es ihm vorlesen
> kann.[10]

Und aus einem Brief Katia Manns an die großen Kinder erfahren wir:

> Auch hat er [Thomas Mann] heute Abend eigenhändig die Winzigen gefüttert,
> denn Fräulein Thea war aus, ich gleichfalls, Moni und Golo stritten sich um den
> Alleinbesitz der Kleinen und alle vier heulten gotterbärmlich, sodaß er erst Ruhe
> schaffen und dann also den Kleinen den Brei geben mußte, wie mir Bibi beim
> Nachhause kommen gleich strahlend verkündete.[11]

Offensichtlich kamen solche Szenen im Hause Mann nicht häufig vor, aber dass
sie überhaupt möglich waren in einem Haushalt dieses Standes und der Zeit,
stellt sicherlich ebenfalls eine Ausnahme dar.

Noch erstaunlicher mutet an, wie beide Elternteile über den Besuch des 18-
jährigen Klaus Heuser in Briefen an die großen Kinder schreiben und die homoerotischen Neigungen des Vaters thematisieren. Thomas Mann hatte Heuser im
Urlaub auf Sylt kennengelernt und sich verliebt. Noch recht euphorisiert schreibt
der Vater den Kindern:

> Ich nenne ihn Du und habe ihn beim Abschied mit seiner ausdrücklichen Zustim-
> mung an mein Herz gedrückt. Eissi [Klaus Mann, Anm. der Verfasserin] ist auf-
> gefordert, freiwillig zurückzutreten und meine Kreise nicht zu stören. Ich bin
> schon alt und berühmt, und warum solltet ihr allein darauf sündigen?[12]

Katia Mann urteilt:

> Kläuschen Heusers Besuch liegt auch schon wieder weit zurück, er ist ein lieber
> Knabe, aber der Zauberer gab sich dann doch allzu Jakobhaft seinem Gefühl hin.[13]

Zehn Jahre später erwidert Katia Mann gleichermaßen erfreut und pragmatisch
Klaus Manns Mitteilung, einen amerikanischen Freund zu haben:

> Laß Dir also Glück wünschen, auch zum Amerikaner, wenn mir auch, verwöhnt
> wie [ich] nun bis zur Hybris durch Eri bin, eine Amerikane*rin* lieber wäre. Er soll
> mir natürlich auch hier willkommen sein, aber nur, wenn er wirklich präsentabel
> ist. Denn in diesem Punkt ist Z.[auberer; gemeint ist Thomas Mann, Anm. der Ver-
> fasserin] ganz besonders empfindlich, und größte Dezenz *muß* garantiert sein.[14]

Damit ist das Thema abgehandelt. Seine Homosexualität gab keinerlei Anlass
für Konflikte mit der Elterngeneration.

---

10 Erika Mann an Thomas Mann, [6. Juni 1922], in: Lahme/Pils/Klein, 19.
11 Katia Mann an Erika Mann, 10. Mai 1922, unpubliziert, Thomas-Mann-Archiv, Zürich; zitiert in:
   Inge Jens/Walter Jens, Frau Thomas Mann, 6. Aufl., Reinbek 2003, 129 f.
12 Thomas Mann an Erika und Klaus Mann, 19. Oktober 1927, in: Lahme/Pils/Klein, 66.
13 Katia Mann an Erika und Klaus Mann, 19. Oktober 1927, in: Lahme/Pils/Klein, 64.
14 Katia Mann an Klaus Mann, 28. Mai 1937, in: Lahme/Pils/Klein, 167.

1921, Klaus Mann ist noch keine 15 Jahre alt, notiert Thomas Mann im Tagebuch:

> Klaus von K[atia] und mir hart gescholten wegen seiner Schlaffheit und Selbstzufriedenheit. Schließlich ist es Pflicht, sich nicht aus Selbstschonung der unangenehmen Emotion des Zorns ganz zu entschlagen.[15]

Aus weiteren ähnlichen Äußerungen wird deutlich, dass Thomas Mann die Rolle des autoritären Familienoberhauptes nicht behagte. Die Erziehung lag in den Händen der Mutter, die bis weit in das Erwachsenenalter der Kinder hinein der familiäre Mittelpunkt, Kommunikationszentrum und Vertrauensperson für im Grunde alle Kinder bleiben sollte. Das wäre durchaus zeittypisch, allerdings scheint das Ziel der Erziehung nicht zwangsläufig den Idealen der Zeit zu entsprechen. Die Katia-Mann-Biografinnen Kirsten Jüngling und Brigitte Rossbeck stellen sogar die These auf, dass

> Katia […], jedes ihrer Kinder zuerst als Individuum und durchaus kritisch [sah], vor allem aber schätze sie Originalität, die ihr in gewissen Grenzen sogar wichtiger als gutes Benehmen war. […] Sie tolerierte durchaus Exzentrizitäten, […] hatte sogar ihren Spaß daran, aber im Außenverhältnis durften keine Peinlichkeiten entstehen.[16]

Erst als die pubertären Grenzübertritte der Ältesten ins Kriminelle gingen (Ladendiebstahl), verbunden mit ausbleibenden Schulleistungen, wurden dem Zeitgeist entsprechend freie Schulgemeinden für Erika und Klaus gesucht. Aber auch das Experiment mit modernster Pädagogik statt strenger Privatschule misslang. Aus einem Brief Katia Manns aus der Kur an Thomas Mann vom 3. November 1924:

> Nun schreibe ich doch noch einmal, um Dir zu danken, daß Du mir alles so treu auseinandergesetzt hast. Natürlich hätte ich genauso entschieden. Wenn es dem Jungen so entsetzlich contrecœur ist, hat es keinen Zweck auf dem Abitur zu bestehen, ganz abgesehen davon, daß man es ja doch nie erreichen würde. Es war eben ein letzter, gut gemeinter Versuch, dessen Fehlschlagen ich nicht zu tragisch nehmen will, da ich, wie Du annimmst, ja selbstverständlich darauf gefaßt war. Nun müssen wir eben sehen, was weiter wird. Gymnastik kann ich nur gut heißen. Ich bin zwar überzeugt, daß die Motive ausschließlich physische Selbstverliebtheit und der Hinblick auf eine tänzerische Carrière sind, aber das Resultat kann doch nur günstig sein, denn er hat sich in den letzten Jahren körperlich kläglich vernachlässigt, und wird vielleicht etwas frischer und straffer davon.[17]

Aus dem Brief geht einerseits hervor, dass Thomas Mann offensichtlich nicht willens war, mit väterlicher autoritärer Macht das Abitur gegen den Willen des

---

15 Tagebucheintrag vom 4. April 1921, in: Thomas Mann, Tagebücher 1918–1921, hrsg. von Peter de Mendelssohn, 10 Bände, Frankfurt a. M. 2003, 499.

16 Jüngling/Roßbeck, 97.

17 Katia Mann an Thomas Mann, 2.10.1920, in: Lahme/Pils/Klein, 15.

Sohnes durchzusetzen und dass andererseits die Mutter viel Verständnis aufbringt – sowohl für den Sohn und dessen Vorstellungen von seiner Zukunft, auch wenn diese abwegig erscheinen, als auch für die Haltung des Vaters gegenüber dem Sohn. Die Berufswünsche der Kinder, die alle ihren künstlerischen und geistigen Neigungen nachgingen, wurden jederzeit von den Eltern gefördert. Selbst Klaus Manns kapriziösem Jung-Schriftstellertum, das Anfang der Zwanzigerjahre auch den Vater „anrempelte", wie dieser es nannte, wurde nicht durch die Eltern Einhalt geboten; dazu später mehr. Einzig Golo Mann, und nach einem Zweitstudium im Erwachsenenalter später auch Michael, konnten einen akademischen Abschluss vorweisen. In ihren Memoiren sagt Katia Mann rückblickend, sie hätte sich wenigstens für eines ihrer Kinder einen bürgerlichen Beruf gewünscht.[18] Dieser Wunsch wurde aber nicht gegen die Interessen der Kinder durchgesetzt.

Es entsteht ein ambivalentes Bild der Erziehung und des Aufwachsens im Hause Mann: Beide Eltern scheinen wenig pädagogisches Talent gehabt zu haben, was die Kinder unterschiedlich hart getroffen hat. Es gab individuelle Konflikte zwischen der Eltern- und der Kindergeneration im Hause Mann, vor allem aber gab es Ungerechtigkeiten einzelnen Kindern gegenüber. Das bürgerliche Diktat der Erziehung zu Leistungsbereitschaft, Disziplin, Pflichterfüllung und rationaler Lebensplanung machten sich die Eltern nicht zu eigen und auch auf durchaus übliche Vorschriften über Berufswahl und den sozialen Umgang verzichteten sie.[19] Als Repräsentanten einer bürgerlichen Ordnung konnten sie daher kaum taugen, im Gegenteil war die Bürgerlichkeit vielmehr eine Fassade, hinter der sich „künstlerische Sympathien für das Unbürgerliche" verbergen ließen.[20] Insofern scheint es auch keinen grundlegenden innerfamiliären Konflikt zwischen den Eltern und Klaus Mann aufgrund verschiedener generationeller Wert- und Normvorstellungen gegeben zu haben. Allem individuellen Kummer zum Trotz war die Erziehung im Hause Mann – im Vergleich zur zeitüblichen Kindererziehung eines Haushalts von gleicher gesellschaftlicher Position – liberal und durchaus den Kindern zugewandt. – Was der damals siebzehnjährige Klaus Mann in einem Brief an Erika bestätigt, als er von einem Besuch von Schulfreunden in Frankfurt berichtet:

> Den Eltern werde ich übrigens schreiben, daß ich hier war. Ich liebe sie momentan sehr, da ich in Frankfurt sah, *wie* scheußlich *fast* alle anderen Eltern sind.[21]

---

18 Katia Mann, Meine ungeschriebenen Memoiren, hrsg. von Elisabeth Plessen/Michael Mann, 8. Aufl., Frankfurt a. M. 2004, 60.
19 Andreas Schulz, Lebenswelt und Kultur des Bürgertums im 29. und 20. Jahrhundert, Berlin/München/Boston 2014, 21 f.
20 Vgl. Hermann Kurzke, Thomas Mann. Das Leben als Kunstwerk. Eine Biografie, Frankfurt/Main, 309 f. sowie Lahme 2009, 22.
21 Lahme/Pils/Klein, 16.

Als Klaus Mann bereits aus dem Haus war und erste Erfahrungen als Schriftsteller gesammelt hatte, erschien 1926 der Essay *Die neuen Eltern*[22]. Darin schrieb er, dass man herkömmlicherweise zwei unterschiedliche Grundgefühle gegen die Eltern haben könne. Das eine beschreibt er als „aufsässig, kampfeslustig, zur leidenschaftlichen Kritik unerbittlich bereit". Zwischen 1918 und 1921 sei die große Zeit dieser rebellischen Jugend gewesen, Klaus Mann führt die Schlagwörter Expressionismus und Vatermord, die Jugendbewegung und das Wandervogeltum an. Das andere Grundgefühl sei „dankbar [...] ergeben, ehrfürchtig und gehorsam". Derjenige, der sich weder der einen noch der andren Gruppe anschließen könne, habe auch Schwierigkeiten eine Haltung gegenüber den Eltern zu finden. Daher entwirft Klaus Mann das Bild der „neuen Eltern".

> Sicher sehen sie uns oft erschrocken zu und können vieles nicht fassen, sei es in erotischer, sei es in anderen Fragen. Aber diese Selbstständigkeit, die sich nicht eifernd und doktrinär mehr behauptet, sondern die einfach da ist, ein sicheres, aber zuweilen schwieriges Gut, erkennen sie an [...]. Uns zurückzuhalten haben sie aufgegeben. Während sie ihren eigenen Weg vollenden, schauen sie, freundlich oder erschrocken, unserem wirreren Treiben zu. Immer seltener werden die Ausbrüche ihres verdammenden Tadels, ihrer moralisch vernichtenden Entrüstung. Was vor zwanzig Jahren noch unaussprechbar schien, ist heute schon mit Schweigen geduldet, ja, oft bringen sie Interesse auf noch für das gewagteste Experiment. Mag sein, dass sie manchmal, ganz still für sich, den Kopf schütteln müssen.[23]

In derselben Ausgabe wurde ein Interview mit Thomas Mann abgedruckt mit dem Titel *Die neuen Kinder,* indem Thomas Mann erklärte, dass der Immoralismus vieler junger Menschen zwar bedenklich sei, er als Vater aber nicht mehr tun könne, als auf seine Vorbildwirkung zu vertrauen:

> Ich meine, das Elternhaus wird nie einen positiv belehrenden, sondern nur einen – atmosphärischen Einfluß auf die Kinder haben können.[24]

Es scheint fraglich, ob das familiäre Miteinander tatsächlich in dem Maße konfliktfrei und verständnisvoll war, wie es hier übereinstimmend von beiden Generationen dargestellt wird. Der Grundtendenz ihrer Aussagen wird der Lesende aber Glauben schenken dürfen.

Klaus Mann als „Wortführer einer neuen Generation"

Schwieriger bzw. konfliktreicher als die rein innerfamiliäre generationelle Auseinandersetzung zwischen Eltern und Sohn war für Klaus Mann die Abgrenzung des eigenen schriftstellerischen Schaffens von dem seines berühmten Schriftsteller-Vaters. Das individuelle Vater-Sohn-Verhältnis wurde insbesondere dadurch

---

22 Klaus Mann, Die neuen Eltern [zuerst 1926], in: Die neuen Eltern, 84–88.
23 Klaus Mann, Eltern, 86.
24 Zit. nach Naumann 2001, 73.

problematisch, dass Klaus Mann als ehrgeiziger Jungautor und Journalist in die literarische Öffentlichkeit trat. Die Positionsbestimmung und Richtungssuche seiner Altersgenossen in der Zeit nach dem Ersten Weltkrieg mit ihren politischen und sozialen Umwälzungen und der Abwertung der bürgerlichen Werte war der Ausgangspunkt der Mehrheit seiner frühen Texte. Durch seine Beschäftigung mit seiner Generation der damals ungefähr Zwanzigjährigen wurde er bald zu ihrem Wortführer. Hier soll zunächst auf Klaus Mann als „Wortführer einer neuen Generation" eingegangen werden, in einem späteren Abschnitt wird genauer auf das für Klaus Mann problematische schriftstellerische Erbe eingegangen.

Sein Ehrgeiz, die Kontakte der Familie zu Autoren und Verlegern und nicht zuletzt die Vertrautheit der literarischen Atmosphäre, in der er groß geworden war, bringen Klaus Mann schnell Bekanntheit ein. Gerade in der Anfangszeit wurde alles gedruckt, was er schrieb.[25] Er wusste seinen Namen dabei bewusst einzusetzen.

Schon als Vierzehnjähriger hatte Klaus Mann in seinem Tagebuch notiert:

Ich muß, muß, *muß* berühmt werden ...[26]

Nach Schulabbruch und mit dem Beginn seiner Tätigkeit als Kritiker bei einer Berliner Mittagszeitung im September 1924 erschienen in rascher Folge Artikel und Texte. Als Klaus Mann seine ersten Artikel in der renommierten *Weltbühne* veröffentlicht sah, stand er kurz vor seinem 18. Geburtstag. Im *Wendepunkt*, seinem zweiten autobiografischen Werk von 1942 behauptete Klaus Mann:

Was für die „Weltbühne" eine kleine Sensation bedeutete, war für mich aber wahrscheinlich der entscheidende Fehler meiner jungen Karriere. Denn von nun war ich in den Augen einer „literarischen Welt" [...] der naseweise Sohn eines berühmten Vaters, der sich nicht entblödet, den Vorteil seiner Geburt geschäftstüchtig und reklamesüchtig auszunutzen.[27]

Die Klaus-Mann-Biografin Nicole Schaenzlers entgegnet dieser Darstellung Klaus Manns mit dem Hinweis, dass zuvor schon in der *Vossischen Zeitung* Erzählungen Klaus Manns erschienen waren und der Herausgeber der *Weltbühne* später erklärte, dass Klaus Mann selbst darauf bestanden habe, die Essays unter seinem Namen zu veröffentlichen[28] (nur am Rande sei darauf hingewiesen, dass eine Erzählung Golo Manns unter Pseudonym mit Klaus Manns Wissen in dessen Anthologie jüngster Prosa erschien.[29] Golo Mann wollte sich also nicht dem

---

25 Vgl. Schaenzler, 50 ff.
26 Klaus Mann, Der Wendepunkt, 4. Aufl., Reinbek bei Hamburg, 2004 [zuerst 1952], 112.
27 Klaus Mann, Wendepunkt, 202.
28 Vgl. Schaenzler, 39–40.
29 Vgl. Lahme: Golo Mann. Biographie, Frankfurt/Main 2009, 50 ff.

Vergleich mit dem Vater aussetzen; er lernte hier aus dem, was er bei seinem Bruder Klaus beobachtete).

Klaus Mann schrieb fleißig und bald auch für andere Zeitungen und Zeitschriften. Schon im Folgejahr, 1925, erschienen drei Buchpublikationen: der Erzählungsband *Vor dem Leben,* das Theaterstück *Anja und Esther* sowie der Roman *Der fromme Tanz.* Es folgte 1926 die *Kindernovelle,* 1927 das zweite Drama *Revue zu Vieren* sowie die *Anthologie jüngster Lyrik,* bei der er als Mitherausgeber fungierte.

Schon früh, und wohl als einziges der Mann-Kinder, zeigte Klaus Mann ernsthafte Ambitionen, sich auf ein Kräftemessen mit dem Vater einzulassen.[30] In der Ausgabe der *Berliner Illustrierten* vom 31. Oktober 1925 prangte Klaus Manns Konterfei auf der Titelseite – zusammen mit Erika Mann und Pamela Wedekind. Bildunterschrift: Dichterkinder.

Bereits 1925 war Klaus Mann in einer Besprechung von *Anja und Esther* als „Wortführer einer neuen Generation" bezeichnet worden,[31] zwei Jahre später 1927 schrieb Erich Ebermayer, ein Freund und ebenfalls junger Autor dieser neuen Generation, in den Medien von „eine[r] Gruppe junger Begabter, die sich um ihren begabten Führer Klaus Mann schart".[32] Es folgten weitere Zuschreibungen dieser Art in der Presse.

Viele der in rascher Folge erschienenen Essays Klaus Manns drückten schon in ihren Titeln aus, einen Generationendiskurs zum Gegenstand zu haben: *Fragment von der Jugend* (1926), *Unser Verhältnis zur vorigen Generation* (1926), *Die neuen Eltern* (1926), *Jüngste deutsche Autoren* (1926), *Dank der Jugend an Rainer Maria Rilke* (1927), *Heute und morgen. Zur Situation des jungen geistigen Europas* (1927) – um nur einige zu nennen.[33] Aber auch vordergründig nicht mit der Frage nach der Generation verbundene Artikel, wie Buchbesprechungen oder Reiseberichte, verknüpfte Klaus Mann vor allem in den Jahren 1926 und 1927 mit seinen Zeitdiagnosen.

---

30 Vgl. Schaenzler, 25.

31 Zit. nach Kroll, 127, in: Münchner Neuste Nachrichten, 13. Oktober 1925.

32 Zit. nach Kroll, Bd. 2, 174; in: Erich Ebermayer: Ordnung, in: Die Jüngste Dichtung I (1927). H. 1, 8–11, hier: 8.

33 Zur Verwendung der Begrifflichkeiten „Jugend" bzw. „Generation" vgl. Ralph Winter, Generation als Strategie. Zwei Autorengruppen im literarischen Feld der 1920er Jahre. Ein deutsch-französischer Vergleich, Göttingen 2012, 183: „Zur Selbstbeschreibung werden von den deutschen Autoren [gemeint ist die Gruppe um Klaus Mann; Anm. der Verfasserin] außerdem häufig die Syntagmen ‚junge Generation' oder ‚jüngste Generation', die Substantivierungen ‚die Jungen' und ‚die Jüngsten' oder schließlich einfach ‚Jugend' verwendet. [...] Als Aufmerksamkeit weckendes Schlagwort ist ‚Generation' offenbar nicht in gleichem Maße als geeignet erachtet worden wie ‚Jugend'. Innerhalb der Texte jedoch werden beide Bezeichnungen nebeneinander gebraucht. Die Idee der Erneuerung lässt sich für die Autoren vermutlich eher mit dem Ausdruck ‚Jugend' vermitteln, ‚Generation' wird zu diesem Zwecke [...] häufig mithilfe von Attributen wie ‚junge', ‚jüngste', ‚neu' o. a. spezifiziert."; siehe weiterhin S. 186 f. zum Generationsbegriff bei Klaus Mann.

Die „Generation" oder „Jugend", die Klaus Mann beschrieb und der er sich zuordnete, meinte im Allgemeinen die Gruppe unter 30-jähriger Autoren, die gerade mit dem Schreiben und Publizieren begonnen hat, insbesondere in seinen frühen Texten fehlt jedoch eine genauere Definition. Erst in einem späteren Aufsatz von 1938, *Die Kriegs- und Nachkriegsgeneration,* führt er aus:

> [...] daß die Menschen eines Alters durch gewisse Erlebnisse, gewisse vitale Voraussetzungen und Gefühlskomplexe miteinander verbunden sind – Erlebnisse und Gefühlskomplexe, die den Älteren oder Jüngeren *in dieser Form* notwendigerweise fremd oder sogar unverständlich sein müssen.[34]

Die entscheidende Frage sei, in welchem Alter ein Mensch den Ersten Weltkrieg miterlebt habe. Die damals Dreißig- und Vierzigjährigen seien während des Krieges schon reife, erfahrene Männer gewesen, gefestigt in ihren Wertmaßstäben; die damals Achtzehn- und Zwanzigjährigen dagegen naiv und kriegsbegeistert; die, die überlebten seien „enttäuscht, ratlos, verbittert" zurückgekommen, so Klaus Mann weiter. Noch größer sei der Unterschied dieser beiden Gruppen Kriegsteilnehmer zu der Gruppe der zwischen 1900 und 1910 Geborenen, die als Kinder die ersten Jahre ihrer Entwicklung „unter dem alles beherrschenden Eindruck des Kriegs"[35] erlebt hatten und zu denen Klaus Mann sich zählt.

Was waren die programmatischen Inhalte, die Klaus Mann in den Augen Dritter bereits wenige Jahre nach seinem schriftstellerischen Debüt offensichtlich zu einer Leitfigur des Generationendiskurses in der literarischen Öffentlichkeit machten?

Um es vorwegzunehmen: Klaus Manns Auseinandersetzung mit seiner Generation mündete nicht in einer abgeschlossenen Programmatik oder in einem Manifest. Mehr als eine analytische Gesellschaftskritik handelt es sich um impressionistische Zeitdiagnosen, die sich repetitiv, teils wörtlich in Klaus Manns essayistischen Texten der Jahre 1925 bis 1927 wiederholen (ein ökonomisches Verfahren übrigens, das auch bei seinem Vater regelmäßig Anwendung fand). In aller Knappheit sind folgende zentrale Aspekte zu nennen:[36]

---

34 Klaus Mann, Die Kriegs- und Nachkriegsgeneration [zuerst 1938], in: Das Wunder von Madrid, hrsg. von Uwe Naumann/Michael Töteberg, Reinbek bei Hamburg 1993, 279. Vgl. auch Ralph Winter: „Wir sind eine Generation." Generationalität und ihre Inszenierung bei Klaus Mann, in: Auf der Suche nach einem Weg. Neue Forschungen zu Leben und Werk Klaus Mann, hrsg. von Wiebke Amthor, Frankfurt/Main 2008, 49–61, hier 53.

35 Als „kindlich-frühe Eindrücke" nennt Klaus Mann: „Die patriotische Begeisterung, zu der die Schule uns damals erziehen wollte", die aber nicht sehr tief reichte. Der Schüler freute sich über freie Tage anlässlich von Siegen; die Einteilung der Nationen in solche „böser" und „braver" Menschen, je ob Freund oder Feind. „Wichtiger [...] war das Essen. Es war meistens zu wenig und immer schlecht." Klaus Mann, Kriegs- und Nachkriegsgeneration, 280.

36 Für umfassende Analysen der Autorengruppe, ihrer generationellen Konzepte und Inszenierungen von Generationalität sei auf die umfangreiche Studie Ralph Winters verwiesen, auf dessen Werk ich mich im Folgenden primär beziehe. Ralph Winter, Generation als Strategie. Zwei Autorengruppen im literarischen Feld der 1920er Jahre. Ein deutsch-französischer Vergleich, Göttingen 2012.

„Verwirrung", „Ratlosigkeit", „Unruhe", „Richtungslosigkeit" – sind die zentralen Begriffe, mit denen Klaus Mann seine Generation beschreibt:

> Unsere Jugend, hineingeboren in den Aufbruch des Weltkrieges, aufgewacht und aufgewachsen in den Jahren des Chaos, der Unordnung, da ein Altes sich auflöste und ein Neues sich versuchte und tastete und nicht fand, hat ja beinahe noch kein eigenes Gesicht, noch keinen eigenen Ton, steht verwirrt, ganz entgleist zwischen allen Extremen [...].[37]

Das Konzept der gemeinsamen <u>Suche</u> nach einer Richtung wird für das literarische Schaffen produktiv gemacht:

> [...] verbindend ist auch die Richtungslosigkeit, wir sind eine Generation, und sei es, daß uns unsere Verwirrtheit vereine. Ist uns sogar das Ziel noch nicht gemeinsam, das uns erst zur Gemeinschaft weihen könnte, so ist es doch das Suchen nach einem Ziel.[38]

Die <u>Figur des Kaspar Hausers</u> wird entsprechend das Symbol dieser Generation; das Findelkind, das „auf die Erde kam, ohne zu wissen, wer er sei, ohne zu ahnen, wohin er zu gehen habe."[39]

Die <u>rebellische Jugendbewegung</u>, zu denen auch die Wandervögel gehören, hat Klaus Manns Meinung nach ihren Höhepunkt bereits überschritten, den er auf die Jahre 1918–1921 datiert.[40]

Der <u>Abstand zur Elterngeneration</u> und zu der vorherigen Künstler-Generation – den „Vollendeten", wie Klaus Mann mehrfach betont – ist so groß geworden, dass der „Vatermord" der Expressionisten nicht mehr notwendig ist, denn: „Ein Weltkrieg liegt dazwischen, eine Art Revolution"[41] (auf diesen Aspekt soll später noch eingegangen werden).

Als Konsequenz aus dem Abstand zu den „Vollendeten" könne man <u>lernen</u> von dieser

> Generation der heute Reifen, der heute ganz Entfalteten, die schon um die Jahrhundertwende Männer waren, ihren Ausdruck völlig gefunden hat in ihren großen Vertretern, ihren großen repräsentativ gewordenen Gestalten und Bildnern.

Klaus Mann konstatiert, noch nie sei eine Generation so vielfältig <u>gespalten</u> gewesen wie diese europäische Generation,[42] weder verfüge man über einen ein-

---

37 Klaus Mann, Mein Vater. Zu seinem 50. Geburtstag, [zuerst 1925] in: Die neuen Eltern, 48–50, hier 49.
38 Klaus Mann, Nachwort zur Anthologie jüngster Lyrik, in: Die neuen Eltern, 119–121, hier 119.
39 Klaus Mann, Fragment von der Jugend [zuerst 1926], in: Eltern, 60–71, hier 63.
40 Klaus Mann, Eltern, 84.
41 Klaus Mann, Fragment, 63.
42 Klaus Mann, Heute und Morgen. Zur Situation des jungen geistigen Europas [zuerst 1927], in: Eltern, 131–152, hier 131; Am Rande sei erwähnt, dass Klaus Mann in seinem Generationen-Diskurs nicht reflektiert, dass ihn aufgrund seiner Herkunft und seines Aufwachsens in einem bür-

heitlichen Stil, noch eine Richtung.[43] Entsprechend sei man auch noch auf der Suche nach einem repräsentativen Kunstwerk für die Generation. Ein einziges Erlebnis allerdings verbinde und charakterisiere die Generation:

> [...] es ist das neuen Erlebnis des Körpers. Hierin erkennen wir uns von rechts bis ganz links in allen Lagern und Ländern.[44]

Zwar sind diese frühen Texte Klaus Manns noch weitestgehend unpolitisch, die Ablehnung jeglicher Ideologien und die Warnung vor Vereinnahmungen zieht sich allerdings schon durch seine Texte wie ein roter Faden. In dieser Hinsicht war Klaus Mann sehr sensibel und weitsichtig. 1927 schreibt er:

> Das ständige Gefühl, in einem Interim zwischen zwei Katastrophen zu leben, macht auf die Dauer leichtsinnig und verwegen. Wir hätten zwischen so vielen Extremen die Auswahl, daß wir uns in Wahrheit überhaupt noch nicht entschieden haben.[45]

In seinen Ausführungen zur „jüngsten Generation" greift Klaus Mann zahlreiche Diskurse und Phänomene der Zeit auf, wie die Jugendbewegung, den Generationsdiskurs (1928 sollte Karl Mannheimers bis heute stark rezipiertes Werk *Das Problem der Generationen* erscheinen), den Sport- und Körperkult und integriert sie in sein Generationen-Bild.[46]

Die Hinweise auf ein in die Zukunft gerichtetes inhaltliches Programm hingegen sind vage, nur vereinzelt finden sich Andeutungen, wie:

> Wovon die Bücher handeln müßten, ist sicher: von der Bewegtheit des Lebens und daß man nicht weiß, wohin sie uns führt.[47]

Oder:

> Ohne Lehre müßten diese Bücher sein, ohne Anklage, ohne Moral, fast ohne Frage.[48]

Klaus Mann ist entschieden gegen Kulturpessimismus, ein kontrollierter Optimismus sei die spezifische Weltanschauung des Menschen von heute bzw. der Schrittmacher von heute.[49] Er erträumt einen

---

gerlichen Elternhaus, das Krieg und auch Inflation verhältnismäßig gut übersteht, mit vielen seiner Zeitgenossen in sozialer Hinsicht nur wenig verbunden.

43 Vgl. Klaus Mann, Anthologie, 119; Klaus Mann, Heute und morgen, 131.

44 Klaus Mann, Heute und Morgen, 138.

45 Klaus Mann, Heute und Morgen, 138; Bereits ein Jahr vorher, 1926 hatte Klaus Mann im bereits zitierten Text „Die neuen Eltern" über das „brave Kind": geschrieben: „Von einer bösartigen Bravheit ist es geworden, von aggressiver Bravheit sogar, von einer gefährlichen Tugend, die zum Beispiel antisemitisch ist [...]." Dieses Kind sei „rein äußerlich und quantitativ [...] sehr obenauf." Klaus Mann, Eltern, 84.

46 Vgl. Winter 2012, 168 ff. sowie hinsichtlich des zeitgenössischen Generationendiskurses in Deutschland konkret 181.

47 Klaus Mann, Fragment, 70.

48 Ebd., 71.

synthetische[n] Typ [...], dem alle Bemühung, alles Arbeiten gilt. Er ist tätig und fromm, er dient dem Sinn der Vernunft, aber seine ewig unruhige Seele ist mehr als vernünftig. Er wird seine Einsamkeit niemals verraten, sein Gebet geschieht in der Einsamkeit – aber er wird nie vergessen, daß er ein verantwortungsvolles Mitglied einer Gemeinschaft ist. [...] daß der geliebte Name solcher Gemeinschaft „Europa!" lautet.[50]

Ralf Winter kommt in seiner Analyse der Texte dieser „jüngsten Generation" um Klaus Mann zu dem Schluss, dass die Literatur dieser Gruppe in ihren Augen „das *Dokument* einer *Generation*" sein solle oder aber der Selbsterkundung des jeweiligen Autors dienen solle, um so wiederum einen individuellen Ausblick auf die eigene Generation zu bieten.

> Dieses Literaturkonzept ist ein primär individualistisches, es impliziert kein soziales oder politisches Engagement.[51]

In diesem Zusammenhang sei noch auf die Beobachtung Klaus-Michael Bogdals verwiesen, der in einem Aufsatz über „Klaus Mann und die ‚Junge Generation'" ausführt, dass die vagen Forderungen an die Literatur der „jüngsten Generation" von Klaus Mann in seinen eigenen Erzähltexten und Romanen teils unterlaufen werden, sie entstellen und bisweilen auch destruieren.[52] Die in den programmatischen Schriften emphatisch vorgetragenen generationsspezifischen Lebensentwürfe, wie beispielsweise das von Klaus Mann bejahte „Bekenntnis zum Leben, das das Geschenk unserer Verwirrungen ist und das alle Traurigkeit und Lustigkeit in sich enthält",[53] der geforderte Kulturoptimismus, erweisen sich in den frühen Erzählungen und Romanen als „Überforderungsprogramme":

> Sie führen nach einem stereotyp zu nennenden Erzählmuster meist zum tragischen Scheitern der jugendlichen Protagonisten. [...] Das paradoxe Sammeln von Erfahrung durch Zerstreuung schlägt in die Selbstdestruktion des einzelnen um.[54]

Zeitgenössische Kritik am Beispiel Erich Mühsams „Der Fall Klaus Mann"

Kritik an Inhalt und Form seines Werkes, wie auch an der Inszenierung seiner Person als Sprecher einer Generation gab es nahezu von Beginn seiner Publikationstätigkeit an. Andererseits wurden die Steilvorlagen, die Klaus Mann bot, gerne medial aufgenommen: Seien es die skandalösen Inhalte – über *Anja und Esther* schreibt die Kritik beispielsweise „das Herumwühlen in sexuellen Entar-

---

49 Klaus Mann, Jüngste deutsche Autoren [zuerst 1926], in: Eltern, 100–109, hier 108.
50 Klaus Mann, Heute und Morgen, 152.
51 Winter 2012, 384.
52 Klaus Michael Bogdal, Der zögernde Prinz. Klaus Mann und die „Junge Generation", in: ders. (Hrsg.): Jugend. Psychologie – Literatur – Geschichte. Festschrift für Carl Pietzcker, Würzburg, 304–323, hier 306.
53 Klaus Mann, Jüngste deutsche Autoren, 108.
54 Bogdal, 306.

tungsmöglichkeiten"[55] sei abstoßend –, sei es Klaus Manns Gespür für Aufmerksamkeit zu sorgen, wie die erwähnte Inszenierung des Stücks mit den Dichterkindern. Den Besuchszahlen tat der Medienrummel keinen Abbruch, die Vorstellungen waren gut besucht. Dennoch spricht eine gewisse Erschöpfung aus Klaus Mann, wenn er Anfang des Jahres 1926 seiner Schwester Erika schreibt:

> Großer Ruhm allein, an dem ich nicht zweifle, ist kein Ersatz für den vielen Ärger. Recht oder Unrecht?[56]

Doch der „Ärger" ging weiter, bis er im Spätsommer 1927 einen Höhepunkt erlangte (und der Idee Vorschub gab, gemeinsam mit Erika, die ebenfalls Abstand und Abwechslung suchte, den Debatten den Rücken zu kehren und im Herbst des Jahres auf Weltreise zu gehen).

Die Kritik warf der Autorengruppe um Klaus Mann vor, dass ihre literarischen Selbsterkundungen nicht über typische Adoleszenzproblematiken hinausgingen. Auch die Verallgemeinerungen, die Klaus Mann vornahm, wenn er auffällig häufig in der ersten Person Plural von „unserer Generation" schrieb, wo der Verdacht nahelag, dass er im Grunde seine persönlichen Erfahrungen meinte,[57] wurden kritisiert. Klaus Mann verteidigte sich und gab gleichzeitig zu:

> Einer, der spricht und bekennt, gebraucht, im Drange sich einzugliedern, ein oder das andere Mal die kollektivistische Form „Wir", wenn er von den Nöten und Belästigungen seines „Ichs" erzählt. Schon begehren sie auf. „Das sind wir nicht!" schimpfen sie laut, sie wollen sich keinesfalls wiedererkennen, sie sind anders, sie haben andere Nöte. Vielleicht hatte der Beichtende schon vorher gewußt, wie alleine er war, vielleicht war ein solches „Wir" nur eine erhoffte, gewollte, erträumte Form der Gemeinschaft und er hatte sich keinen Augenblick eingebildet, „repräsentativ" zu reden. Aber die anderen wollten Klarheit, sogar die erträumte Gemeinschaft verbaten sie sich.[58]

Klaus Mann schwankte einerseits zwischen dem im Zitat geäußerten Bedürfnis, individuelle Erfahrungen in kollektive zu überführen und so Teil einer Gruppe zu formen, und Abgrenzung und Individualität andererseits. In Folge eines heftigen Angriffs des Kritikers Axel Eggebrecht in der *Literarischen Welt* wies er es vehement zurück, als Sprecher einer Generation aufzutreten:

> Was tausend geistesarme Skribenten hergeleiert haben, wird er [Eggebrecht, Anm. der Verfasserin] nicht müde zu wiederholen. Er höhnt mich als den „Führer dieser ganzen Gruppe", obwohl ich nicht *ein*mal, sondern *zehn*mal öffentlich geäußert

55 Zit. nach Naumann 2001, 59.
56 Klaus Mann an Erika Mann, 16. Januar 1926, in: Lahme/Pils/Klein, 25.
57 Vgl. Winter 2008, 57.
58 Klaus Mann, Heute und morgen, 132.

habe, daß es nie in meiner Absicht lag, eine „Gruppe zu führen"; daß ich vielmehr des festen Glaubens bin, Gruppenbildung sei heute in der Jugend unmöglich.[59]

Neben harscher Kritik aus dem bürgerlichen Lager wie beispielsweise die Eggebrechts schlug Klaus Mann auch von links nicht eben zimperliche Kritik entgegen. In der linksliberalen Wochenzeitung *Die Welt am Montag. Unabhängige Zeitung für Politik und Kultur,* für die Erich Mühsam als bekanntester Mitarbeiter schrieb, erschien im August 1927 ein Artikel Mühsams mit dem Titel: *Der Fall Klaus Mann*[60].

Schon der Titel, der die Schrift Friedrich Nietzsches *Der Fall Wagner* offensichtlich aufgreift, verdeutlicht, dass es Mühsam um eine grundlegende Kritik geht. Das „Problem der décadence" im Falle Wagners, das Nietzsche in seiner Schrift ausführt, überträgt Mühsam so auf Klaus Mann.

Zunächst stellt Mühsam eloquent und in Anspielung auf die mediale Omnipräsenz Klaus Manns in diesen Jahren fest, dass es eines persönlichen Treffens mit Mann gar nicht bedürfe, um festzustellen, dass dieser ein „durchaus sympathischer junger Mann sei" und man von den „Sehnsüchten und Hoffnungen, […], von seinen familiären und gesellschaftlichen Erlebnissen und von den guten Wünschen, welche er für uns alle hat, für die Menschheit allgemein und die deutsche Jugend insbesondere" hinlänglich informiert sei.

Im weiteren Verlauf erwähnt Mühsam eine Begegnung Klaus Manns im Kontext einer Inszenierung der *Revue zu Vieren* und mokiert sich über die Verquickung von Kunst und Familienbanden der Mann-Wedekinds:

> Er sah nett aus, benahm sich manierlich, machte einen seelisch gepflegten Eindruck und gab Gelegenheit, zu bedauern, dass die anmutige Schwester Erika Mann und die vortrefflich begabte Pamela Wedekind aus lobenswerter Gefälligkeit an der Ironie, dem Ärger und dem Degout mit tragen mußten, die verdientermaßen Klaus Mann allein zugekommen wären.

Dann kommt Mühsam zum Kern seines Anliegens: Es gehe ihm nicht um den Dichter Klaus Mann, sondern um den „Fall Klaus Mann", der ein Fall der Jugend sei, „mithin ein gesellschaftlicher, ein sozialer Fall, nämlich ein Fall des Verfalls" und als solch typischer Unglücksfall eine Betrachtung wert.– Die Anspielung auf den Untertitel von *Buddenbooks. Verfall einer Familie* bringt zusätzlich die familiäre Komponente mit ins Spiel.

In seiner sich anschließenden Diagnose der Zeit ist Mühsam sich mit Klaus Mann einig. Mühsam widmet sich ausführlich der Beschreibung des gesell-

---

59 Klaus Mann, Zuschrift an die ‚Literarische Welt' [zuerst 1927], in: Eltern, 162–164, hier 163; vgl. zu der Kritik Eggebrechts Winter 2012, 191 ff. Hervorhebungen im Text.

60 Erich Mühsam, Der Fall Klaus Mann [zuerst 1927], in: Ausgewählte Werke. Publizistik, unpolitische Erinnerungen, Bd. 2, hrsg. von Chris Hirte, Berlin 1978, 383–386; Hervorhebungen an dieser und folgenden zitierten Stellen im Original.

schaftlichen Zustandes, den Erosions-Symptomen vormaliger Werte – alle Wurzeln der gesellschaftlichen und kulturellen Bindungen seien gelockert, zum guten Teil schon „entrodet". Die gesamte Kindheit und frühe Jugend der heute Zwanzigjährigen vollziehe sich unter den gewaltigsten Erschütterungen, es dämmere eine neue Zeit, die die Epoche der bürgerlichen und kapitalistischen Kultur abzulösen sich anschicke.

Mühsam nutzt die Gelegenheit, seine klassenkämpferische Erwartungshaltung an die Jugend zu äußern und nicht ohne Sentimentalität zurückzublicken:

> Jugend, sollte man meinen, nimmt Partei, stellt sich zum Kampf, eifert im Streit um die Werte des Lebens. So war es doch früher. Als wir vor drei Jahrzehnten heranwuchsen […].

Die jetzigen Zwanzigjährigen der Generation um Klaus Mann, sie stünden nirgends, so Mühsam weiter, sie quälten sich Vaters Prosa ab.

> Das ist nicht bewegt von einer Idee, die nach dichterischem Ausdruck drängt, das hat sich einfach entschlossen, Dramen zu schreiben, wie ein anderer sich entschließt, eine neue Stiefelschmiere herzustellen.

Talent spiele keine Rolle, sondern werde durch Dressur erworben „aus der Erwägung: womit wirke ich sensationell?" Hier wird die Bezugnahme auf Nietzsches Wagner-Schrift explizit. Dort heißt es:

> Das expressivo um jeden Preis, wie es das Wagnerische Ideal, das décadence-Ideal verlangt, verträgt sich schlecht mit Begabung. Dazu gehört bloss Tugend – will sagen Dressur, Automatismus, „Selbstverleugnung".[61]

Bedenkt man Klaus Manns frühen Willen zum Berühmtwerden und die Bereitwilligkeit, mit der er die Rolle des *enfant terrible* bediente, hat Mühsam nicht Unrecht mit dieser Unterstellung.

Mit Hilfe des Theaterraums und der berühmten Namen der Beteiligten wirke Klaus Mann sensationell, so Mühsam,

> und in Wirklichkeit ist alles nur Impotenz und Geschäftstüchtigkeit.

Er wirft Klaus Mann vor, in den Mittelpunkt seines Werkes einen Weltenstürmer zu stellen,

> der auch nicht mit einem einzigen Gedanken erfasst, <u>warum</u> eigentlich die Welt zu stürmen sei und wie er seine Aufgabe anzupacken habe.

---

61 Friedrich Wilhelm Nietzsche: Der Fall Wagner, in: Ders., Werke. Kritische Gesamtausgabe, hrsg. von Giorgio Colli/Mazzino Montinari, Berlin/New York, 1967, unter: http://www.nietzschesource.org/#eKGWB/WA-11 (abgerufen am 20.02.2018)

Womit er auf die zum Konzept erhobene Suche nach einer Richtung der „jüngsten Autoren" anspielt und eine weitere Analogie zur Wagner-Kritik herstellt, in
der es heißt: Wagner setzte ein Prinzip an, wo ihm ein Vermögen fehlte.

Die Enttäuschung über die Zwanzigjährigen, die neben allem Sarkasmus aus
Mühsams Artikel über den „Fall Klaus Mann" herauszulesen ist, rührt vorgeblich nicht daher, dass die betreffende Jugend nicht Mühsams ideologische Ziele
teilt. Dass er anderslautende Haltungen akzeptieren kann, wenn sie wohlbegrün-
det sind, macht Mühsam ausgerechnet an einem Beispiel Thomas Manns fest.[62]
Mühsam beklagt vielmehr, dass von den Zwanzigjährigen inhaltlich nur „allerlei
Banalitäten über Jugend und Liebe und Romantik und Genuß [...] ausgewalzt"
würden und sie nicht die Jugend repräsentierten, „sondern das stagnierende
Greisentum". Ähnlich hatte 1925 schon Erich Kästner nach einer Lesung Klaus
Manns geurteilt:

> Jugendlich wirkt einzig das typisch jugendliche: das Sexuale, das Empfindsame,
> das Intellektfeindliche, das Elternfremde, – alles Züge, die nur für's Jungsein über-
> haupt zeugen, nicht für das von heute.[63]

Mühsam endet mit:

> Der Fall Klaus Mann ist nicht der Fall der Jugend und der Zukunft.

In seinem 1927 erschienenen Essay *Heute und Morgen. Zur Situation des jungen
geistigen Europas* antwortet Klaus Mann sowohl auf Kritik vom „bürgerlichen
Journalisten" als auch auf Kritik von dessen „Gegenspieler", dem kommunistischen Intellektuellen.[64] Klaus Mann differenziert: Zwar würde seine Generation
den pathetischen Glauben und die religiöse Idee, die dem Kommunismus inne
ist, verehren vor dem Hintergrund der „entgötterten Zeit". Denn der geistige
Vertreter des Kommunismus kämpfe, „in seinem Herzen ist der felsenfeste und
großartige Glaube". Dennoch könne sich Klaus Manns Generation nicht zum
„kollektivistischen Sozialismus, zur materiellen Geschichtsauffassung und zu
Sowjetrußland bekennen." Fast bedauert Klaus Mann das und überlegt, dass es
seiner Generation vielleicht leichter zumute wäre, hätte sie den Entschluss zu
einem solchen Bekenntnis ebenfalls zu fassen vermocht. Die Sympathie, die
Klaus Mann den Kommunisten entgegenbringt, teilten diese seiner Meinung
nach nicht:

---

62 Mühsam schreibt: „Thomas Mann anerkennt – in seiner Rede „Lübeck als geistige Lebensform"
die Tatsache der Weltrevolution. Er will sich ihr nicht entgegenstellen, glaubt aber in ihr die Kräfte
lebendig zu sehen, die eine Bürgerlichkeit goethischer Art retten und erhalten zu können. Thomas
Mann wurzelt in Vorstellungen, die mir falsch scheinen, die er aber wohl durchdacht hat und die er
als Basis wählt, um seinerseits im Kampf Partei zu nehmen." Hervorhebungen im Text.
63 Zit. nach Winter: Generation als Strategie, 194.
64 Klaus Mann, Heute und Morgen, 135.

Sein Ton [der des kommunistischen Intellektuellen; Anm. der Verfasserin] gegen uns, die Unentschlossenen, ist eitel Hochmut, er verachtet uns mehr noch als der Schreiber der Bourgeoisie.[65]

Wieso Klaus Mann und seine Gleichaltrigen sich dem Kampf der Kommunisten nicht anschließen können, geht aus dem nächsten Kapitel hervor. Da heißt es:

Das Ziel ist erfüllte Demokratie [...]. Das Ziel ist: tauglich werden als Nation für Aufgaben, die mehr als national sind.

Seine Vision lautet:

[...] nur müssen wir es *wollen,* mit ganzer Seele, ohne Vorbehalt, ohne Lauheit! Das geeinigte Europa entsteht, sei's heute, sei's morgen –; wenn *wir es wollen.*[66]

Dem Vorwurf der unpolitischen Adoleszenzliteratur versucht Klaus Mann mit einem Bekenntnis zur Paneuropa Bewegung zu begegnen. In seiner Autobiografie *Der Wendepunkt* urteilt Klaus Mann rückblickend kritisch über seine Haltung Ende der Zwanzigerjahre:

Wer sich berufen glaubt, die Summe der menschlichen Erfahrungen durch das Wort auszudrücken, darf nicht die dringlichsten menschlichen Probleme [...] vernachlässigen oder gar ignorieren [...]. Statt mich aber mit den großen politischen und sozialen Fragen auf gründliche und nüchterne Art auseinanderzusetzen, begnügte ich mich, in meinen Reden und Manifesten, mit Anklagen und Forderungen recht unverbindlich-allgemeiner Art.[67]

Auch wenn man ihm in seinem Urteil durchaus zustimmen kann, tat sich Klaus Mann insofern Unrecht, als er – wie bereits erwähnt – schon frühzeitig und durchaus hellsichtig vor dem aufkommenden Nationalsozialismus warnte, wenngleich er erst im Exil ab 1933 seine publizistische Tätigkeit zunehmend in den Dienst des Kampfes gegen Hitler stellte. Die „großen Gegensätze" sah er dann nicht mehr zwischen jung und alt, sondern in der Frage der Gesinnung.[68]

Problematisches Schriftsteller-Erbe

Welche Bedeutung hatte Klaus Manns Darstellung seiner Generation und deren Konzept einer Richtungssuche für die Beziehung des Jung-Schriftstellers zu sei-

---

65 Ebd., 144.
66 Ebd., 144–147.
67 Klaus Mann, Wendepunkt, 287.
68 1938 konstatiert Klaus Mann, „daß die eigentliche, die wesentliche Trennungslinie heute gar nicht mehr zwischen den Generationen verläuft [...], sondern quer durch die Generationen hindurch. Die großen Gegensätze heißen heute längst nicht mehr: ‚jung' und ‚alt'; sondern: fortschrittswillig oder irrationalistisch; universalistisch oder nationalistisch; pazifistisch oder imperialistisch-aggressiv." Klaus Mann, Die Kriegs- und Nachkriegs-Generation, in: Wunder, 278.

nem Vater, einem der herausragenden Repräsentanten der vorhergehenden Schriftstellergeneration?

Um die anfangs zitierte Briefstelle noch einmal aufzunehmen: Thomas Mann hatte sich „Fortsetzung und Wiederbeginn [seiner] selbst unter neuen Bedingungen" gewünscht und bekam dies in gewisser Weise, allerdings vielleicht nicht so „poesievoll", wie erhofft. Zweifel beschlichen Thomas Mann, als Klaus' erstes Drama *Anja und Esther* 1925 aufgeführt werden sollte. An einen seiner engsten Vertrauten der Zeit, Ernst Bertram, schreibt er über Klaus Mann als

> [...] ungeratenen, d. h. nicht weit vom Stamme gefallenen Sprößling [...], – so nahe zum Stamme gefallen allerdings, wie es heutzutage möglich ist, denn das ist im Ganzen ein wildes Geschlecht, nicht heilig ist ihm, was anderen hehr, unsereins versteht da wenig und verzichtet in dieser Einsicht klüglich auf Versuche, das Ding auf Autorität zu stellen, sondern sieht bescheiden und mit den besten Wünschen zu, wie es laufen will und kann. Was sagen Sie dazu, daß Hartung das unbeschreiblich gebrechliche und korrupte Stückchen des jungen Mannes (es handelt von „gefallenen Kindern" und spielt in einem sonderbar tänzerischen Hospiz für solche) schlankweg für sein Berliner Theater angenommen hat und den Herrn Verfasser eine der höchst morbiden Rollen darin spielen lassen will? Soll, kann ich es verbieten? Das wäre ein Unsinn in der neuen Welt, die freilich selbst Unsinn ist, aber das spricht nicht für mich. Sehen wir zu mit den besten Wünschen, aber aus der Ferne. Denn in die Premiere bringen mich keine zehn Pferde.[69]

Innerfamiliär und in die Öffentlichkeit vermittelte Thomas Mann eine andere Einschätzung des Stückes. Er ging in die Offensive, statt dem noch minderjährigen Klaus Mann sein Tun zu verbieten, wie er es im Brief erwogen, aber verworfen hatte. Der Darstellung einer Zeitschrift, er fände die Arbeiten seines Sohnes zu „sittenlos", um sich damit abzugeben, widerspricht er. Das „Märchen von meiner würdevoll verständnislosen Haltung dem Jungen gegenüber" entspreche nicht der Wahrheit: „Ich bin doch kein Stiftsfräulein."[70] An Erika Mann schreibt der Vater Ende des Jahres:

> Natürlich bin auch ich tüchtig mitgenommen worden, sowohl gedruckt wie in Form von rempelnden und unqualifizierbaren anonymen Zuschriften. Ich mache mir aber nichts daraus und meine, wenn man das Stück auch nicht unbedingt hätte aufführen müssen, so ist es als erster Anfang doch keineswegs so schlecht, wie die meisten Leute tun.[71]

Nicht „poesievoll", sondern „ungeraten", hatte der Vater den Sohn in dem Brief an Bertram genannt. Allerdings kokettierend und eingedenk seiner Familiengeschichte und Berufung zum Künstlertum sich selbst gleich mit, indem er ihn

69 TM an Ernst Bertram, 4. Februar 1925, in: Große kommentierte Frankfurter Ausgabe der Werke, Briefe und Tagebücher (GKFA), Briefe 3, 129 f.
70 Thomas Mann, Essays, Bd. 3, hrsg. von Hermann Kurzke/Stephan Stachorski, Frankfurt/Main 1994, 13.
71 Thomas Mann an Erika Mann, 6. November 1925, in: Lahme/Pils/Klein, 55.

„nicht weit vom Stamme" gefallen nennt. Im folgenden Satz aber formuliert Thomas Mann einen trennenden Abstand zwischen Stamm und Apfel, für den er den mangelnden Respekt vor den Werten der vorhergehenden Generation verantwortlich macht:

> – so nahe zum Stamme gefallen allerdings, wie es heutzutage möglich ist, denn das ist im Ganzen ein wildes Geschlecht, nicht heilig ist ihm, was anderen hehr [...].

Die Betonung eines trennenden Abstandes zwischen den Generationen ist wie bereits erwähnt auch eine Konstante in den frühen Essays Klaus Manns:

> Noch nie war der Abgrund breiter, noch nie war er so beinahe unüberbrückbar zwischen den Generationen wie heute.[72]

Auch Klaus Mann beklagt eine Entwertung von Werten als Ursache des Abstands. „Unsere Jugend", so schreibt er, sei in den Ausbruch des Weltkrieges hineingeboren,

> aufgewacht und aufgewachsen in Jahren des Chaos, der Unordnung, da ein Altes sich auflöse und ein Neues sich versuchte und tastete und nicht fand [...].[73]

Der Weltkrieg läge als eine Art Revolution zwischen den Generationen und mache eine Revolution, einen Vatermord, wie die Expressionisten ihn betrieben, nicht mehr nötig. Die Expressionisten seien *anti*bürgerlich, „wir aber sind nur ganz *un*bürgerlich".[74] Daher könne und solle seine Generation, so Klaus Mann, von den „Vollendeten" lernen:

> Das Werk des Vaters steht vor uns, und wir bilden uns und lernen von ihm.
>
> Nun ist „der Vater" nicht mehr der, der befiehlt, der die Richtung angibt und der verlangt, daß man nach seinem Willen lebe, nun ist „der Vater" nicht mehr der, der gehaßt wird, eben weil er nicht mehr befiehlt.
>
> [...] Wir halten zu denen, die, neuen Zielen zustrebend, für die sie noch keine Worte haben, [...] zu den Vorigen, zu den Vollendeten, zu den Vätern trotzdem zurückschauen – getrennt von ihnen, immer weiter wegstrebend von ihnen, aber lernend dabei, ehrfurchtsvoll vor dem, was diese gelebt und gebildet.[75]

Pointiert stellt Klaus Mann die Beziehung zur vorigen Schriftsteller-Generation als konfliktfrei dar:

> Das Verhältnis zur vorigen Generation ist eigentlich kein Problem mehr für uns.[76]

---

72 Klaus Mann, Mein Vater, 49.
73 Klaus Mann, Mein Vater, 50; siehe auch: Fragment (1926), 64; Verhältnis (1926), 74.
74 Klaus Mann, Fragment, 74.
75 Klaus Mann, Eltern, 88; siehe ähnlich in Vater (1925), 50; Fragment (1926), 63; Verhältnis (1926), 74.
76 Klaus Mann, Unser Verhältnis zur vorangegangenen Generation [1926], in: Eltern, 74–75, 74; Hervorhebung im Original.

Nur das Wörtchen „eigentlich" lässt aufhorchen. Problematischer wird, wie bereits erwähnt, die Suche nach einer eigenen Richtung, einem eigenen Stil beschrieben. – Da sich Klaus Mann keine Ablehnung oder Reibungsfläche zum Vorherigen bieten, wird die Abgrenzung schwieriger, die für das eigene literarische Schaffen produktiv gemacht werden könnte.

Das vorgeblich konfliktfreie Nebeneinander der Generationen blieb auch bestehen, wo es aufgrund unterschiedlicher Wert- und Normenvorstellungen für Klaus Mann die Möglichkeit gegeben hätte, in einen öffentlichen Diskurs mit seinem Vater einzutreten, nämlich bei der Haltung gegenüber der Homosexualität. Zeitlich dicht beieinander erschienen Thomas Manns Essay *Die Ehe im Übergang* (1925), in dem er sich explizit mit Homosexualität auseinandersetzte, und Klaus Manns Roman *Der fromme Tanz* (1926). Thomas Manns eigene homoerotischen und nicht ausgelebten, sondern im Werk sublimierten Neigungen sind hinlänglich bekannt. In dem Essay sprach er sich dagegen öffentlich für die Ehe von Mann und Frau als einzig wahrhafte Institution aus, gefolgt von einer vernichtenden Absage an die Männerliebe als „sterile Libertinage", die als „Auflösung der sittlichen Lebensformen zu verstehen" sei.[77] Klaus Manns *Der fromme Tanz* gilt als einer der ersten Homosexuellen-Romane überhaupt. Der Sohn bekannte sich zur Homosexualität und lebte sie offensiv. Was allerdings nicht bedeutete, dass er eine in seiner Generation akzeptierte Haltung repräsentierte, sondern er nahm eine damit verbundene Außenseiterrolle in Kauf. Thomas und Klaus Mann traten als Repräsentanten diametral entgegengesetzter Haltungen auf. Die Positionen des jeweils anderen diskutierten sie allerdings nicht öffentlich.

So unproblematisch wie Essayistik, öffentliche Verlautbarungen und familieninterne Äußerungen suggerierten, war die Positionierung der Generationen für beide Seiten offenbar doch nicht. Sie fand ihren Ausdruck in literarischen Texten, deutlich erkennbar, doch weiterhin unter Verzicht einer direkten Konfrontation.[78]

1926 erschien Thomas Manns Novelle *Unordnung und frühes Leid* in der der Vater die Jugend zum Thema machte. Die Novelle, die unzählige autobiografische Details enthält, spielt im Jahr 1923 und beschreibt in ihrem Zentrum ein Fest, das die halb erwachsenen Kinder eines Geschichtsprofessors in dessen Haus geben. Aus Sicht dieses Professors vermittelt sich die Unruhe, die durch und mit der Jugend einhergeht, indem sie ihre jugendliche Lebensform und unbürgerlichen Lebensziele feiern. Der Protagonist nimmt die Jungen

---

77 Thomas Mann, Die Ehe im Übergang [zuerst 1925], in: GKFA, Bd. 15.1 Essays II 1914–1926, Frankfurt/Main 2002, 1033.

78 In den Analysen der zwei Novellen beziehe ich mich maßgeblich auf Friedhelm Marx, Väter und Söhne. Literarische Familienentwürfe in Thomas Manns *Unordnung und frühes Leid* und Klaus Manns *Kindernovelle,* in: Thomas Mann, Jahrbuch, Bd. 17, Frankfurt/Main 2004, 83–103.

als Mächte des Fortschritts und der Umgestaltung wahr, aber er kämpft nicht eigentlich gegen sie an, und die jungen Leute kämpfen gleichfalls nicht.[79]

Jazzmusik und Ausgelassenheit wirken auch auf die 5-jährige Tochter des Hausherrn anziehend, die ein „frühes Leid" erlebt, sich einen der Gäste als Bruder wünscht und an ihrem Bett nicht vom Vater, sondern von dem Verehrten getröstet werden will.

> Die Episode verletzte den Vater vor allem deswegen, weil er seine jüngste Tochter auf eine komplizierte Weise im Zeichen des Todes liebt – und sie nun erstmals ans Leben zu verlieren fürchtet.[80]

Auch der Protagonist selbst fühlt sich zunehmend von der Unruhe angezogen und erregt – die Auseinandersetzung geht zugunsten der Jugend aus: Widerstand gegen das von der Jugend verkörperte Neue scheint zwecklos, im Gegenteil wirkt sie anziehend, sogar auf denjenigen, der seine Werte in Auflösung sieht.

Auch in formaler Hinsicht passte Thomas Mann die Novelle dem Sujet an: Hinsichtlich intertextueller Bezüge ist

> eine Schwundstufe mythisch-musikalischer Präsenz erreicht, die im Werk Thomas Manns kaum noch unterschritten wird. […] Stattdessen erprobt sie eine Öffnung zur zeitgenössischen Wirklichkeit, eine Ausrichtung auf die Lebenswelt der Gegenwart, was man als Annäherung an die Poetologie der Neuen Sachlichkeit qualifizieren kann.[81]

Bei allem Einverständnis und Bewunderung des väterlichen Werkes hielt diese Novelle ein Porträt des Sohnes bereit, die dem derartig Dargestellten nicht gefallen konnte: In der Figur des Sohns „Bert" porträtiert Thomas Mann Klaus Mann klischeehaft als einen Vertreter der vielgestaltigen Jugend. Bert hat siebzehnjährig die Schule abgebrochen, will sich schnellstmöglich ins Leben stürzen und Tänzer oder Kellner in Kairo werden. Ferner heißt es: Bert,

> der nichts weiß und nichts kann und nur daran denkt, den Hanswurst zu spielen, obgleich er nicht einmal dazu Talent hat.

Selbst diese Provokation rüttelt nicht an der in der Öffentlichkeit demonstrierten Loyalität zum Vater. Klaus Mann spielt das Skandalon herunter, verteidigt seinen Vater und distanziert sich gleichermaßen. Es sei in der Erzählung „ein etwas zweifelhafter und danebengeratener, aber nicht uncharmanter Knabe" dargestellt; Anlass zu vielen Scherzen gäbe die Vermutung, dass er, Klaus Mann, damit gemeint sei. Aber:

---

79 Marx 2004, 94.
80 Ebd., 96.
81 Ebd., 97.

> Kein Dichter photographiert die Wirklichkeit, – er verdiente den hohen Namen sonst nicht.[82]

An seine Schwester Erika schreibt er hingegen:

> Zauberers Novellenverbrechen schadet mir sehr.[83]

Es folgt keine Aussprache mit dem Vater, der offene Konflikt wird weiterhin gemieden.[84]

Noch 1926, im Jahr des Erscheinens von *Unordnung und frühes Leid,* revanchierte sich Klaus Mann mit dem Gegenstück *Kindernovelle,* deren Figuren ebenfalls der Mann-Familie nachempfunden waren. Wobei die Leerstelle sprechender ist, als es eine Fiktionalisierung hätte sein können: In der dargestellten Familie existiert der Vater nur noch als Totenmaske. Seine Stelle innerhalb der vaterlosen Familie nimmt unvermittelt ein angereister junger Bewunderer des Verstorbenen ein; Till, ein „Prototyp der europäischen Jugend"[85]. Für die Kinder wird er ein Spielgefährte, bei der Mutter erweckt er leidenschaftliches Begehren. In der einzigen Liebesnacht, zu der die Mutter den Zugereisten verführt, empfängt sie ein Kind von ihm. Am kommenden Tag reist er ab. Der Protagonist hat keine „väterliche Konkurrenz [...], kein Zerrbild einer alten, längst abgelebten Ordnung"[86] vorgefunden. Die Deutung eines symbolischen Vatermordes durch die Liebesnacht mit der Witwe des verehrten Verstorbenen soll dadurch vermieden werden, dass diese die Verführerin ist. So wird das „in Spuren gehen" bis zum Äußersten getrieben. Auch die programmatische Offenheit der „jüngsten Generation" will Klaus Mann darstellen, indem ein Blick in das Hotelzimmer des Reisenden gewährt wird, in dem Schriften, Kunst, Romane, Nippes jeglicher Art durcheinanderliegen, die keinerlei Positionierung erkennbar machen.

---

82 Klaus Mann, Der Ursprung dichterischer Gestalten. Antwort auf eine Umfrage [zuerst 1927], in: Eltern, 118.

83 Zit. nach Schaenzler, 50.

84 1939 verband Thomas Mann eine Gratulation an Klaus Mann hinsichtlich dessen Roman *Der Vulkan* mit einem Rückblick auf Klaus Manns literarische Anfänge „Sie haben Dich ja lange nicht für voll genommen, ein Söhnchen in Dir gesehen und einen Windbeutel, ich konnt es nicht ändern. Aber es ist wohl nicht zu bestreiten, dass Du mehr kannst, als die Meisten." Und weiter: „Ein Erbe bist Du schon auch, der sich, wenn man will, in ein gemachtes Bett legen durfte. Aber schließlich, zu erben muß man auch verstehen [...]." In einem erhaltenen Briefentwurf wollte Klaus Mann seinem Vater von den Verletzungen schreiben, die ihm seinerzeit das „Novellenverbrechen" zugefügt hatte: „Denn, nicht wahr, der junge Bert, wie er in ‚Unordnung' ‚viel zu spöttisch' skizziert war, hätte einen solchen Brief wohl niemals bekommen können." Offen formulierte er, das Porträt habe ihn „etwas nachhaltig gewurmt". Den Briefentwurf schickte er jedoch nicht ab.

85 Marx, 99.

86 Ebd., 100.

In Klaus Manns Kindernovelle [...] erscheint aus der Sicht der Jugend der Kampf gegen das Alte in zweifacher Hinsicht gegenstandslos. Für Till ist die Vaterfigur Gegenstand offener Verehrung, – und sie ist tot.[87]

Eine radikale Darstellung des von Klaus Mann so vehement vorgetragenen un-überbrückbaren Abgrunds zwischen den Generationen.

Klaus Manns Überzeugung, die „jüngste Generation" solle sich die väterlichen Generation zum Vorbild nehmen, um „unendlich viel" zu lernen,[88] entsprang der Tatsache, dass Klaus Mann das Werk seines Vaters, wie auch das weiterer Autoren der Väter-Generation tatsächlich verehrte und bewunderte, wie er es auch in der Figur des Till in der Kindernovelle darstellte. Problematisch wurde für den Sohn allerdings, dass sich ihm so wenig Angriffsfläche bot, um sich in den Jugend-Diskurs, wie er z. B. von den Expressionisten geführt wurde, einzubringen: Weder war ihm ein Angriff auf das Werk möglich, noch konnte er einen despotischen Vater beklagen:

> Nun ist „der Vater" nicht mehr der, der befiehlt, der die Richtung angibt und der verlangt, daß man nach seinem Willen lebe, nun ist „der Vater" nicht mehr der, der gehaßt wird, eben weil er nicht mehr befiehlt.[89]

Die individuellen Zurücksetzungen, Ungerechtigkeiten oder Verletzungen, die er durch den Vater erfahren hatte (die aber andere Geschwister noch härter getroffen hatten) taugten kaum als überpersönliches Konzept einer jungen Autorengruppe, der von Klaus Mann „erhoffte[n], gewollte[n], erträumte[n] Form der Gemeinschaft" (siehe oben). Um so leidenschaftlicher wollte sich Klaus Mann unter anderen Vorzeichen in den Jugend-Diskurs einbringen, indem er seine individuelle Situation, keinerlei Ablehnung oder konkreten Konflikt für sein eigenes Schaffen produktiv machen zu können, als Konzept ausruft. Die Suche nach Inhalt und Stil sollte Sinn stiftend sein im Sinne des bereits erwähnten Zitats:

> Ist uns sogar das Ziel noch nicht gemeinsam, das uns erst zur Gemeinschaft weihen könnte, so ist es doch das Suchen nach einem Ziel.

Dass die Gruppe um Klaus Mann weder gesellschaftliche noch ästhetische Ideale verfochten hat, sondern sie nur geeint war durch eine Strategie der Nicht-Festlegung bzw. das Konzept der Suche, ist wohl eine wesentliche Ursache für das Scheitern der Gruppe. Sie spaltete sich im Nationalsozialismus, einige gingen den Weg in die sogenannte Innere Emigration, anderen blieb nur die Flucht ins Exil.[90] So auch Klaus Mann, dessen Schreiben durch den Kampf gegen den Nationalsozialismus schließlich ein für ihn sinnstiftendes Ziel findet.

---

87 Ebd., 102.
88 Klaus Mann, Eltern, 87.
89 Ebd.
90 Winter 2012, 385 f.

94

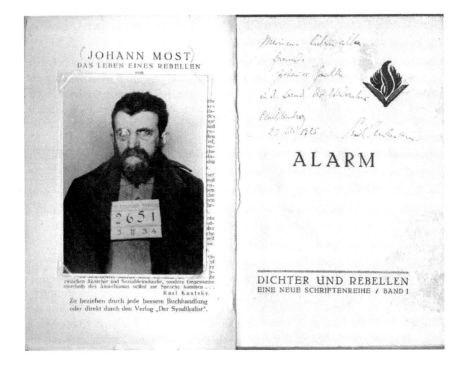

Henrik Yde

Martin Andersen Nexø und die Anarchisten Alfonso M. und Erich Mühsam

Ich danke der Erich-Mühsam-Gesellschaft für die Einladung, hier über Martin Andersen Nexø sprechen zu können. Günther Bruns hat mir geholfen, mein Manuskript aus einem heimgebackenen Zirkus-Deutsch in ein anständiges Hochdeutsch zu verwandeln.

Ich bitte auch um Verzeihung, dass ich überhaupt hier bin. Denn der Nexø ist kein missratener Sohn, so wie die anderen, und mein Vortrag ist deswegen eigentlich außerhalb des Themas dieser Konferenz. Eine enge Verbindung hatte Nexø zu seiner Mutter, der er später das Buch „Ditte Menschenkind" widmete. Die Mutter war ganz einfach stolz wie ein Papst, als ihr Sohn Schriftsteller wurde. Aber natürlich war Nexø, als er im reifen Alter Kommunist wurde, in den Augen seiner politischen Gegner in gewissem Sinne doch ein „missratener Sohn Dänemarks".

Martin Andersen Nexø – kurze Einführung

Zuerst will ich Nexø vorstellen. Nexø gilt als ein wichtiger Schriftsteller für den sogenannten „sozialen Durchbruch" in der nordischen Literatur. Und er erlangte außerdem – besonders durch zwei seiner mehrbändigen Hauptwerke, *Pelle der Eroberer* (1906–1910) und *Ditte Menschenkind* (1917–1921) – internationale Berühmtheit. Noch heute werden diese und andere seiner Bücher in vielen europäischen und asiatischen Ländern gelesen, und es werden auch ständig neue Auflagen gedruckt und einige seiner Werke in neue Sprachen übersetzt. Zum Beispiel erscheint *Pelle* im Moment zum ersten Mal auf Spanisch.

Mit dem Buch *Pelle der Eroberer* gelang ihm in Deutschland ein großer Erfolg als Autor, da 1911–1912 der Roman in 60 verschiedenen sozialdemokratischen Zeitungen als Romanfortsetzung abgedruckt wurde.

Als Nexø *Pelle* schrieb, war er in keiner Partei organisiert, aber nach seinem großen Erfolg erschien es ihm natürlich, in die dänische Sozialdemokratie einzutreten. Später, 1919, als er fünfzig Jahre alt geworden war, war er einer der Gründer der kommunistischen Partei Dänemarks. 1923 übersiedelte er nach Deutschland und wohnte bis 1930 mit seiner Familie an verschiedenen Orten am Bodensee. Er war auch kurze Zeit Mitglied der KPD. Er war in den Dreißigerjahren sehr aktiv im internationalen anti-faschistischen Kampf und wurde 1937 wieder KP-Mitglied in Dänemark, ja sogar Mitglied des Zentralkomitees.

Er nutzte sehr aktiv seinen literarischen Ruhm in der politischen Arbeit und war im Alter ein treuer, dogmatischer Freund der Sowjetunion, die er konsequent und unter allen Umständen verteidigte – zum Beispiel auch während der Moskauer Prozesse und während des Krieges zwischen Finnland und der Sowjetunion. Als alter Mann wurde er in der kommunistischen Bewegung deshalb unkritisch vergöttert, besonders in der DDR, wo er seine letzten drei Lebensjahre verbrachte.

Ich will ihn aber von Anfang an betrachten. Er wurde 1869 in eine Arbeiterfamilie hineingeboren, aber er war nicht der Autodidakt, wie es in seiner Selbstinszenierung und besonders in der kommunistischen Propaganda behauptet wird. Es gab in seiner Familie eine literarische Tradition, man hatte im Hause viele Bücher, mehr als es damals in der Arbeiterklasse üblich war. In der Schule war der junge Martin auch fortschrittlich. In seinen wunderbaren *Erinnerungen* heißt es, er hätte sich selber mühsam Deutsch beigebracht, aber die Wahrheit ist, dass er die Bürgerschule der Stadt Nexø mit Spitzen-Zeugnissen gerade in Deutsch verließ. Deutsch war damals die erste Fremdsprache in Dänemark, so wie es heute Englisch ist.

Später besuchte er vier Jahre die Heimvolkshochschule, davon zwei Jahre die Elite-Volkshochschule Askov. Das Schulgeld wurde von Mäzenen in der Volkshochschulbewegung bezahlt, und schließlich besuchte er ein Jahr die staatliche Lehrerhochschule. Dann arbeitete er als Schullehrer an zwei unterschiedlichen freien Schulen. Beide waren von Grundtvigianismus geprägt – und der junge Nexø war ein treuer Grundtvigianer. Auch später im Leben, als Sozialdemokrat und Kommunist, hatte er eine sehr hohe Meinung von N.F.S. Grundtvig, dem Gründer der Volkshochschulbewegung, dem Psalmendichter, Pfarrer und Bischof. Über diese Beziehung habe ich eine Habilitation geschrieben, die nachweist, dass Nexø in seiner Jugend von Grundtvig'schen Kreisen eine ihn für das ganze Leben prägende geistige Beeinflussung erhielt – aber das ist das Thema eines anderen Vortrages.

Heute will ich über Nexø, die spanischen Anarchisten zur Zeit der Wende zum 20. Jahrhundert, Nexøs Beziehung zu einem bestimmten spanischen Anarchisten namens Alfonso und über sein Verhältnis zu dem deutschen Anarchisten, namens Erich Mühsam, sprechen.

Der junge Schriftsteller

Als Erstes muss ich über Nexøs Entwicklung als Autor sprechen, besonders als junger Mensch. Er debütierte 1898 in Buchform mit einer Sammlung von Erzählungen (*Schatten*), und dann folgten bis 1905 schnell mehrere Bände mit Erzählungen und vier Romane, außer seinen journalistischen Beiträgen. Das alles erfolgte in sechs sieben Jahren. In dieser sehr produktiven Phase war er unter starkem Einfluss des Radikalismus im Sinne von Georg Brandes. Man kann auch den Einfluss des von Nietzsche geprägten Nihilismus auf sämtliche Texte des jungen Dichters deutlich spüren. In politischer Hinsicht war er am Anfang links-liberal, später mit anarchistischen Tendenzen. (Sozialdemokrat wurde er, wie schon erwähnt später, als *Pelle der Eroberer* von 1910 seinen Siegeszug durch Europa antrat, und Kommunist wurde er, wie schon erwähnt, noch später.)

In seinem gesamten literarischen Schaffen versuchte Nexø mit unterschiedlichem Erfolg einen poetischen Zusammenhang zwischen zwei Daseinsaspekten herzustellen: Einem erobernden, in seinem Bewusstsein männlichen Aspekt, und einem bewahrenden und fürsorglichen, in seinem Bewusstsein weiblichen und besonders mütterlichen Aspekt. Eine solche Synthese und ein solcher Zusammenhang gelangen ihm poetisch überzeugend aber erst in *Pelle der Eroberer* 1906–1910, als Pelle als reifer Mann seine großen politischen Visionen mit Verantwortlichkeit gegenüber seiner Familie verbinden konnte. Man kann sagen, Pelle findet schließlich seine eigene feminine Seite, seine Anima. Es heißt in dem Roman: „Er hatte das Herz seiner Frau verschluckt."

In seinen ersten Texten sieht man aber diese Synthese und diesen Zusammenhang zwischen Mann und Frau nur negativ, als etwas Fehlendes. Der Eroberungsdrang und die maskuline Identität scheinen heimatlos. Die Idealfamilie der frühen Romane besteht fast ausschließlich aus starken, gesunden Frauen, während die Männer oft degeneriert, betrunken und verkommen wirken. Oder man sieht gesunde Männer sterben, während die degenerierten überleben. Die Romane, zum Beispiel *Sühne*, das erste seiner Bücher, das in Deutsch erscheint, wirken total aussichtslos, nihilistisch und stark pessimistisch, gelegentlich auch tragikomisch.

Wir sind also jetzt in der ersten Periode seines Schaffens. 1902, als der Roman *Sühne* erscheint, war er mit 33 Jahren ein vielversprechender oder sogar anerkannter junger Schriftsteller. Er wollte dann nach Spanien, besonders nach Andalusien, das er schon sechs Jahre früher auf einer Erholungsreise besucht hatte. Mit einem Vertrag über laufende Berichte als Korrespondent der linksliberalen Zeitung *Politiken* und einem generösen Vorschuss vom Verlag Gyldendal, der sein kommendes Reisebuch, also *Sonnentage*, herausgeben sollte, reisten er und seine Frau dann am 15. August 1902 von Kopenhagen ab.

Spanien 1902

Dänemark war damals das Land des politischen Konsenses und des politischen Kompromisses. Der junge Nexø und andere Linksliberale waren darüber entsetzt. Aber wenn auch der junge Nexø über Kompromisse enttäuscht war, dann kam er jetzt in die richtige Gegend. Spanien, anno 1902, war eben keineswegs von Kompromissen oder Konsens geprägt.

Seit 1820 gab es im Lande zahlreiche größere Revolutionen und unzählige kleinere revolutionäre Aufstände. Zwischen 1902 und 1905 wird das Land von verschiedenen konservativen und monarchistischen Regierungen rücksichtslos re-
giert.

Ihnen gegenüber stand eine gewaltsame, aber uneinige Opposition. Einerseits
gab es republikanische Liberale, denn Spanien war in der kurzen Periode
1873–74 eine Republik. Andererseits gab es eine nur kleine sozialdemokratische
Partei ohne viele Mitglieder. Und außerdem eine besonders im südspanischen
Andalusien sehr verbreitete, aber aufgespaltene anarchistische, besonders anar-
cho-syndikalistische Bewegung.

Anarchismus in Andalusien

Die Ursache für die Verbreitung des Anarchismus besonders in Andalusien war
die Existenz eines großen und stark verarmten Landproletariats. Seit Jahrhunderten existierten Zinsbauern und landlose Landarbeiter, die ihre Arbeitskraft an die
„Latifundien", sehr große Güter, verkauften. Als die Anarchisten in den 1870er
Jahren für eine Aufteilung der Güter an die Zinsbauern und Landarbeiter eintraten, zündete diese Parole sogleich.

Die anarchistischen Agitatoren waren – abgesehen von den Vertretern der katholischen Kirche – die ersten gebildeten Menschen, die sich an die Mitglieder des
andalusischen Landproletariats wandten. Sie lebten oft asketisch, zogen als Lai-
enprediger von Dorf zu Dorf, lasen aus Kropotkins *Der Kampf um das Brot* vor
und predigten den Atheismus, und das zu einem in technisch-ökonomischer und
geistiger Hinsicht stark zurückgebliebenen Landproletariat.

Rund um diese Elite von Agitatoren scharte sich besonders in Andalusien eine
große Anzahl von Anhängern, die sich enthusiastisch jeder Aktion anschlossen.
Am Anfang waren die Aktionen oft vollkommen spontan. Im Jahre 1892 hatte
zum Beispiel eine mit Jagdwaffen und Sicheln bewaffnete Landarbeiter-Armee
Jerez de la Frontera überfallen, und „alle, die gut gekleidet waren", angegriffen.
Die Ernte der Güter wurde verbrannt, Gendarmen und Wachhunde wurden um-
gebracht, auch Streiks gehörten zum Alltag.

In Andalusien waren verschiedene regionale anarchistische Föderationen vereinigt in einer Organisation namens *Faro de Andalucia* (der Leuchtturm Andalusiens). Diese versuchte, die spontanen Aktionen zu koordinieren. Ich möchte
anmerken, dass am 17. April 1903, eben nach dem Besuch Nexøs in Andalusien,
eine anarchistisch organisierte Streikbewegung von Cordoba ausging. Sie verbreitete sich über ganz Andalusien und dauerte zwei Jahre. Dann musste man sie
aufgeben – wegen einer Hungersnot.

Aber selbst nachdem die Streiks und die Aufstände niedergeschlagen wurden und nachdem die Führer eingesperrt oder sogar hingerichtet wurden, blieb der Anarchismus stark in Andalusien. Er blieb stark als Gemütszustand, als eine soziale Hoffnung, die man fast religiös nennen könnte. Die anarchistischen Agitatoren bauten auf die christliche, messianische Tradition des Landproletariats, auf die Erwartung der plötzlichen Einführung eines Gottesreiches und verwandelten diese Hoffnung in eine soziale Bewegung.

Alfonso, der Anarchist

In dem Kapitel von *Sonnentage*, „Unter den Häuslern der Berge", können wir Nexø und seiner Frau begegnen, indem wir sie bei organisierten Anarchisten in einem Dorf in den Bergen westlich von Granada treffen. Ich will mich hier auf Nexøs Darstellung von einem dieser Anarchisten, nämlich Alfonso M., konzentrieren. Er ist ein ganz besonderer Mensch.

Nexø:

> Alfonso ist Leiter des revolutionären Agitationskomitees. Er ist 26 Jahre alt, schmächtig, läuft mehr als er geht und hat ein kindliches Insulanergesicht mit schwärmerischen Augen. Die etwas eingefallenen Schläfen und Backenknochen deuten auf Fanatismus, und Don Louis flüstert mir zu, er sei ein fanatischer Anarchist.

Unter solchen armen Häuslern trifft Nexø die spanische *Grandezza*:

> Und uns – die Fremden – umgeben sie vom ersten Augenblick an mit einem Wohlwollen, einer verfeinerten Rücksicht, die viele Generationen ererbten Adels voraussetzen könnte. Sie führen das Gespräch auf unserem Gebiet, damit wir uns nicht langweilen, pflücken meiner Frau Blumen, suchen die besten Wegstellen für uns aus. Sie behaupten, wir müssten unbedingt etwas zu uns nehmen, ehe wir zum Dorfe kämen, und einer von ihnen muss vorauslaufen und es uns bringen; wir wechseln untereinander ein paar Worte, wie schön ein blühender Mandelbaum sich gegen den blauen Himmel zeichnet, und Alfonso klettert hinauf und holt uns einen Zweig. [...] Alfonso tut einen übermütigen Sprung. Er hat rote Flecken an den Schläfen.

Am Abend findet eine große Versammlung statt mit agitatorischen Reden. Alfonso hielt eine kurze, sehr allegorische Rede über den Wolf (das Kapital) und den Storch (die Arbeit).

Am nächsten Morgen verhindern Alfonso und ein paar von den anderen Häuslern, dass Nexø beim Schankwirt für seinen Aufenthalt bezahlte: sie seien Gäste der Stadt. Herr und Frau Nexø hatten geplant, um die *Vega* zu sehen, nach Granada zu Fuß zu gehen. Aber Alfonso hatte zufälligerweise in derselben Richtung etwas zu besorgen, und er lieh dann einen weiteren Esel außer seinem eigenen

Esel, sodass die Gäste reiten konnten, während Alfonso und sein achtjähriger Sohn zu Fuß gingen.

Alfonso war überzeugter Atheist und sah er ein Kruzifix, stieß er es um. Er war ein Feind der Kirche und der staatlichen Gewalt. Aber im Gegensatz zu anderen Anarchisten, mit denen Nexø geredet hatte, war sein Anarchismus gewaltlos.

> Mein Stock scheint ihm auffallend schwer, und er fragte, ob ein Dolch darin sei. „Nein, aber der Kopf ist aus Blei, da lässt sich's gut zuschlagen." Er sieht mich ernsthaft an. „Ich bin noch nie in der Lage gewesen, mich gegen meine Mitmenschen verteidigen zu müssen oder sie gegen mich." – „Aber Sie stehen doch gerade auf Kriegsfuss mit der Gesellschaft", wandte ich ein. „Mit den Räubern der Macht, jawohl, aber nicht mit meinen Mitmenschen; sie tun mir nichts zuleide, und ich glaube, ich würde lieber sterben, als einem unter ihnen ein Leids zuzufügen. Alle Menschen, die der Macht nicht zu nahe gekommen, sind ja gut; die draußen im Gebirge kenne ich alle und weiß, dass sie es sind; [...]. und nun kommen Sie so weit her vom hohen Norden und sind wie ein Bruder zu mir."

> Dass er außer seinem eigenen Esel für uns einen zweiten entliehen, selbst die ganze Strecke geht, damit wir reiten können und außerdem nicht weiß, was Liebes er uns alles erweisen soll – das heißt bei ihm, dass ich wie ein Bruder für ihn bin.

Nexø bemerkt außerdem zwei Eigenschaften an ihm, die ihn von den meisten Spaniern unterscheidet: Er ist gut zu Tieren und er raucht nicht.

> „Ich will in keiner Weise Sklave sein", sagt er, „und wir Spanier können nicht rauchen, ohne Sklaven des Tabaks zu werden." Aber seine Enthaltsamkeit gilt nur sich selbst. „Willst du sie haben?" fragt er seinen Sohn, als ich ihm selbst eine Zigarette anbiete. Der Kleine schüttelt mit komischem Ernst den Kopf. Die beiden behandeln einander in allem wie Erwachsene.

Alfonso folgt den Nexøs den ganzen Weg nach Granada, weil er und der Sohn dort eine Tante besuchen wollen. Aber das war nur eine Ausrede, damit die fremden Gäste reiten konnten und nicht den langen Weg gehen mussten. Beim Abschied wandten sich Alfonso und sein Sohn sofort um und ritten durch die Nacht nach Hause, denn

> [...] die kleinen Felder zuhause können sie nicht auch noch morgen entbehren.

> Der Anarchist Alfonso! Er hat uns zuliebe alle persönlichen Rücksichten beiseite gesetzt, und nun reitet er heim zu seinem Grund und Boden, froh seiner Tat, in vertraulichem Gespräch mit seinem kleinen Sohn, mit dem er wie mit einem Bruder verkehrt, im Frieden mit allen Menschen. Und eines Tages ertönt das Signal zu der großen Umwälzung, er springt auf in heftiger Freude, bereit, sein Leben für die neue Zeit des Glücks zu opfern – und fällt, zur Erde gestreckt von der Kugel eines Gendarmen. Und die alte Zeit trottet weiter über seine Leiche. So wird es ihm ergehen.

> Und dennoch! Wenn ich dann und wann nach einem Vorbild, einem ganz überzeugenden Menschen suche, dem zu gleichen oder den mindestens zu beneiden sich verlohnte – fällt mir immer der Anarchist Alfonso ein.

Ein maskulines Ideal

Im Nexøs Texten gibt es hier und da direkte Spuren von Alfonso, der bereit war „sein Leben für die neue Zeit des Glücks zu opfern". Zum Beispiel die jungen Anarchisten in *Pelle der Eroberer*:

> Die Heiligkeit des Selbst hat sie erfüllt und machte sie wütend gegenüber aller Unterdrückung. Sie fingen bei sich selbst an, rauchten und tranken nicht – wollten nicht Sklave sein.

Die Alfonso-Figur hat doch eine viel tiefere Bedeutung als Nebenfigur zu späteren Nexø-Werke zu liefern:

Der weichherzige, idealistische, arme und ritterliche Anarchist Alfonso war Nexøs Meinung nach ein Phantast, ein Träumer. Aber was wäre wohl die Welt ohne Phantasterei und Träume? Die wilden Aufstände der Anarchisten brachten wohl nicht viel Erfolg. Aber was hatten die Überklugheit und Kompromisse von dänischen Politikern wohl an der Armut in Dänemark zu ändern vermocht? Nichts! Aber die menschliche Eigenheit und Würde waren der große Unterschied.

Nexøs Lieblingsroman war schon damals Miguel de Cervantes' *Don Quijote,* der Roman von dem weichherzigsten, idealistischsten, ärmsten und ritterlichsten Phantasten aller Zeiten. Alfonso ist also eine Don-Quijote-Gestalt. Und mit ihm sind wir weit entfernt von den schwachen, betrunkenen, degenerierten, selbstbetrachtenden und hilflos agierenden Männerfiguren des jugendlichen Autors.

Nexø konnte endlich seinen Lesern eine positive Männer-Gestalt, ein maskulines Ideal präsentieren. Alfonso ist ein Mann mit hohen geistigen und politischen Idealen, die er mit seinem Leben verteidigen will. Aber er ist gleichzeitig fürsorglich und generös seinen Mitmenschen, Kindern und Tieren sowie den fremden Gästen gegenüber. Er hat seine maskuline Tatkraft mit seiner femininen Fürsorglichkeit, mit seiner Anima vereint. Und hiermit greift die Alfonso-Gestalt in *Sonnentage* der Pelle-Gestalt im vierten Band von *Pelle der Eroberer* vor.

Wir verlassen jetzt Alfonso für eine Zeit, und wenden uns einem anderen Anarchisten, nämlich Erich Mühsam zu.

Erich Mühsam – Alfonsos geistiger Bruder

Nexø hat Erich Mühsam während und nach dem ersten Weltkrieg mehrere Male in den Boheme-Kreisen von Revolutionären, Künstlern und Schriftstellern in München getroffen, im Umkreis des *Simplicissimus*. Nexøs deutscher Hauptverlag war damals der Albert-Langen-Verlag in Schwabing, und deshalb war Nexø oft in München. Er stand einige Jahre nach Erichs Verhaftung in schriftlicher Verbindung auch mit Zenzl Mühsam. 1936 hat er den Artikel *Die Braune Bestie* geschrieben in memoriam Erich Mühsam.

Sie finden diesen Artikel als Anhang [s. S. 107]. Er wurde zuerst in der sozial-demokratischen schwedischen Zeitung *Arbeitet* (die Arbeit) am 18. August 1936 unter dem schwedischen Titel *Erich Mühsam och tredjeriket* (dass heißt E. M. und das dritte Reich) gedruckt. Am 10. Oktober 1936 wurde er in der dänischen kommunistischen Zeitschrift *Tiden* (die Zeit) unter dem neuen Titel *Die braune Bestie* veröffentlicht. 1957 erschien der Artikel auf Deutsch im Dietz-Verlag in der Artikelsammlung *Kultur und Barbarei*. Der Text ist nicht in andere Sprachen, zum Beispiel Russisch übersetzt worden. Und ich weiß nicht, ob Nexø über Zenzl Mühsams Schicksal in der Sowjetunion wusste.

Den Artikel können Sie selber lesen. Aber betrachten wir hier die Adjektive, mit denen Nexø Mühsam beschreibt:

Er war *fürsorglich*. Nexø schreibt zum Beispiel:

> Auf seine ungeschickte Weise hilft er einem kranken Mitgefangenen, der es nicht hat halten können, hilft ihm, den Strohsack zu reinigen, damit der Wächter es nicht sähe.

Und noch weiter:

> Er war *edel, mutig, tapfer* und *revolutionär*. Jedes Individuum war ihm *heilig*, er hatte *Herz* für alles Lebende. Und er war *gläubig* gegenüber der Zukunft der Menschheit. In politischer Hinsicht war er aber *naiv*.

Das sind ja genau dieselben Eigenschaften, mit denen Nexø in seiner Jugend Alfonso beschrieben hatte. Und Nexø verbindet ja auch ausdrücklich den Geist Mühsams mit dem der spanischen Anarchisten:

> [...] seine Herzenseinfalt und Herzensgüte erkannte ich wieder als schöne Eigenschaft, der ich in meiner Jugend in den Gebirgen Andalusiens bei den anarchistischen Landarbeitern und Häuslern so oft begegnet war. Gleich ihnen litt er lieber, als dass er anderen Leid zufügte; diente er lieber, als dass er sich bedienen ließ. Dieselbe stille Freude am Dasein – trotz allem – trug er im Gemüt, denselben Glauben an den Sieg des Guten – ohne sich Rechenschaft zu geben, worin das Gute bestünde –, die diesen einfachen Zukunftsmenschen eigen war.

Ich wiederhole diesen Satz:

> Gleich ihnen [den spanischen Anarchisten] litt er lieber, als dass er anderen Leid zufügte.

In *Sonnentage* gab es bestimmt auch Anarchisten, die ihre Ziele mit Gewalt erreichen wollten. Aber es gab auch einen bestimmten Anarchisten, der das nicht wollte: Alfonso.

Also: Wenn Nexø Erich Mühsam beschreibt, muss er an eine bestimmte Person denken: Alfonso, die er bewusst in der Pelle-Gestalt in *Pelle der Eroberer* weiter verarbeitet hat. Mühsam war also in Nexøs Bewusstsein ein geistiger Bruder Alfonsos, eine intellektuelle deutsche Ausgabe eines spanischen Häuslers. Und beide sind aus Nexøs Sicht Don Quijote-Gestalten.

Wieder Alfonso – der wirkliche

Jetzt kehre ich zu Alfonso zurück. Man muss beachten, dass Nexø kein Historiker, sondern Dichter war. In seinen Schriften, auch in den nicht-fiktiven Teilen in Erinnerungen, Reisebüchern und Zeitungsartikeln findet man ganz oft Personen, Situationen und so weiter, die aus symbolischen oder kompositorischen Ursachen frei erdichtet, frei erfunden wurden. In *Sonnentage* zum Beispiel hat Nexø ein Treffen mit dem Scharfrichter aus Cordoba, mit dem er ein gemütliches Gespräch hatte. Es ist jedoch ganz unwahrscheinlich, dass ein solches Gespräch stattgefunden hat, aber die Szene dient als dramatischer Rahmen um Nexøs Übersetzung des Gedichts *El Verdugu*, das heißt „der Scharfrichter", von dem großen spanischen romantischen Dichter José de Esproceda.

Als ich vor 22 Jahren an Nexøs *Sonnentage* an einer wissenschaftlichen Ausgabe arbeitete, habe ich mich gefragt: Gab es Alfonso wirklich? Oder ist diese Gestalt mehr eine fiktive Beschreibung, eine symbolische Zusammenfassung von allem, was Nexø unter den spanischen Anarchisten gut gefunden hat? Aber wie findet man das heraus, wenn man nur weiß, er heißt „Alfonso M." aus dem Dorf „X" irgendwo in Andalusien?

Ich konzentrierte mich auf ein kleines Notizbuch, das Nexø von der Reise 1902–1903 mitgebracht hatte. Dieses Notizbuch befindet sich jetzt in der Königlichen Bibliothek in Kopenhagen, und darin habe ich eine Adresse gefunden, nicht in Nexøs eigener Handschrift, sondern in einer anderen, kindlicheren Handschrift. Da steht:

> Alfonso Molina
>
> Calle de Osario
>
> Íllora

Ist also „*Alfonso M.*" derselbe wie *Alfonso Molina*? Und ist das Dorf „*X*" dasselbe wie *Íllora*? Um das aufzuklären, reiste ich nach Granada, fand einen jungen Dolmetscher an der Universität und fuhr mit ihm nach Íllora, einem Dorf im Gebirge, so etwa 30 km westlich von Granada. In der lokalen Kirche, Iglesia de Nuestra Señora de la Encarnación, erhielten wir die Erlaubnis, in dem Kirchenarchiv zu forschen. Und es zeigte sich, Alfonso gab es wirklich.

Sein voller Name war Alfonso Molina Peréz. Er ist 1866 in Íllora geboren und starb an demselben Ort im Jahre 1947, als er rund 80 Jahre alt war. Nexøs Prophezeiung von seinem frühen Tod traf also nicht ein. Er heiratete 1892 Josefa Arguelle und bekam mit ihr vier Kinder: Mariana, Andrés, María und Pedro. Der Sohn Andrés Molina Arguelle, geboren im Oktober 1895, war also 1903 genau acht Jahre alt, so wie Nexø über den Sohn schrieb, der sich an dem Ausflug nach Granada beteiligte. Das alles stimmte.

Damit war ich sehr zufrieden, ja sogar etwas überwältigt, ich ging mit meinem Dolmetscher in die Kneipe in Íllora, um unseren Erfolg ein wenig zu feiern. Der Dolmetscher wollte mehr wissen. Er fragte den Wirt: „Gibt es hier in Íllora noch Molinas?" Und es gab Molinas! – Um eine lange Geschichte kurz zu machen, wir befanden uns eine Stunde später in einem Haus, das Alfonso Molinas Enkelin, geboren 1935, gehörte. Sie und ihre Familie hatten keine Ahnung, dass der Großvater in einem dänischen Buch beschrieben worden war. Das hatte man nicht erwartet. Viele Tränen wurden vergossen. *Sonnentage* war damals noch nicht in Spanisch übersetzt, erst 2004 erschien *Sonnentage* als das erste von Nexøs Büchern auf Spanisch, *Días de sol*.

Es zeigte sich, dass die Beschreibung, wie Nexø Alfonso Molina schilderte, für seine Nachkommen rund 100 Jahre später treffende Erinnerungen wachriefen. Alfonso Molina hatte in Íllora zwei Spitznamen: Der eine kennzeichnete seine impulsive Art sich zu bewegen, seine charakteristischen Sprünge, die Nexø beschrieben hatte: Man nannte ihn deshalb „die Heuschrecke". Der andere Spitzname gefiel ihm besser, denn es beschrieb sein starkes politisches Engagement: Man nannte ihn deshalb *Alfonso el de la sociedad,* also „Gesellschafts-Alfonso".

Er war eine markante Persönlichkeit, und er wurde eine Person von großem Ansehen in der Arbeiterbewegung und in der Kommunalpolitik in Íllora. 1911 eröffnete die spanische Sozialdemokratie, *Partido Socialisto Obrero Espanõl* (PSOE), eine Gruppe in Íllora, und Alfonso Molina ist eingetreten. Hier entstand ein enges Verhältnis zwischen Alfonso Molina und Fernando de los Ríos, der später Minister in der Volksfrontregierung wurde. Man hält heute noch Rios für einen der wichtigsten Denker des spanischen Sozialismus, der eine humanistische, nicht-totalitäre Form des Sozialismus repräsentierte.

Alfonso erwarb nach und nach eine Menge Land, aber er hatte den Ruf, sein Land über das viele Lesen und wegen seiner politischen Arbeit zu vernachlässigen. Dies ist ja in spanischen Augen ein klares Don Quijote-Verhalten. Er las sehr gern, aber nach Francos Machtübernehmung, als Alfonso Molina 73 Jahre alt war, musste er an diesem Punkt Vorsicht walten lassen. Seine anarchistischen und sozialistischen Broschüren und Bücher wurden im Garten vergraben – und ausgegraben, wenn er sie lesen wollte.

Alfonso Molina war, wie Nexø schrieb, ein verbissener Feind der katholischen Kirche. Er versuchte (ohne Glück) zu verhindern, dass seine Kinder getauft wurden. Und wie Nexø es beschreibt, benutzte er nicht den normalen Gruß *vaya con dios,* also „geh mit Gott", sondern *paz, caballeros,* „Friede, meine Herren". Aber am Sterbelager waren seine letzten Worte: „Oh, mein Gott." Nach seiner testamentarischen Bestimmung wurde er mit seinen geliebten Broschüren und Büchern im Sarg begraben.

Und „*paz caballeros y signoras* – Friede sei mit Ihnen verehrte Damen und Herren" sage ich Ihnen zum Schluss meines Beitrags.

Angewandte Literatur

José de Espronceda:

„El Verdugo", in *Poesías* (1840), „Bødlen" (Kopenhagen 1903 von Nexø in *Sonnentage* übersetzt).

Pjotr Kropotkin:

La Conquête du pain (Paris 1892), *Die Eroberung des Brotes* (Berlin 1919, von Bernhard Kampffmeyer übersetzt).

Martin Andersen Nexø:

Skygger (Kopenhagen 1998, textkritische Ausgabe in *Samlede fortrællinger* I–IV, Kopenhagen 2013), deutsch in *Gesammelte Werke* (München 1926–1927).

Soldage (Kopenhagen 1903, textkritische Ausgabe Kopenhagen 1995), *Sonnentage. Reisebilder aus Andalusien* (Leipzig 1909), von Emilie Stein übersetzt.

Pelle Erobreren I–IV (Kopenhagen 1906–1910, textkritische Ausgabe Kopenhagen 2002), *Pelle der Eroberer. Roman in 2 Bänden* (Leipzig 1912) von Mathilde Mann übersetzt.

Ditte Menneskebarn I–V (Kopenhagen 1917–1921, textkritische Ausgabe Kopenhagen 2005), *Stine Menschenkind* I–V, (München 1918–1921), spätere Titel *Ditte Menschenkind* (Berlin 1948), beide von Hermann Kiy übersetzt.

Erindringer I–IV (Kopenhagen 1932–1939, textkritische Ausgabe Kopenhagen 1999), *Erinnerungen* I–IV (Band I–II Moskau 1940, von Bertolt Brecht und Margarete Steffin übersetzt, Band III–IV Berlin 1948, von Ernst Harthern übersetzt).

„Erich Mühsam och Trediriket", im Zeitung *Arbeitet* (Malmö, 18. August 1936).

„,Die braune Bestie'. Erich Mühsam in Memoriam", im Zeitschrift *Tiden* (Kopenhagen Oktober 1936).

„„Die braune Bestie'. Erich Mühsam in Memoriam", in Artikelsammlung *Kultur og Barberi* (Kopenhagen 1955).

„„Die braune Bestie'. Erich Mühsam in Memoriam", in Artikelsammlung *Kultur und Barbarei* (Berlin 1957) von Karl Schodder übersetzt.

Henrik Yde:

Det grundtvigske i Martin Andersen Nexøs liv I–II, mit einer deutscher Zusammenfassung (Kopenhagen 1991).

In Arbeit ist eine literarische Biographie:

MAN. Martin Andersen Nexøs liv og værk (Kopenhagen 2018).

Die Braune Bestie

In memoriam Erich Mühsam

Einer der hartnäckigsten Vorwürfe der deutschen Reaktion gegen die Juden behauptet, daß sie feige wären; aus dem Munde der deutschen Reaktion bedeutet
dies, daß sie nicht kriegslüstern und krieglustig genug wären, sich auf dem
Schlacht- und Schlachtefeld nicht wohl fühlten wie ein Fisch im Wasser. Im
wilhelminischen Deutschland schon, lange vor dem Weltkrieg, war diese „Anklage" gang und gäbe, und namentlich in ausgesprochen preußischen Kreisen.
Die preußischen Junker, die übrigens stark mit jüdischem Blut durchsetzt waren,
sahen die Rettung und das Heil des deutschen Reiches in einer Urgermanisie-
rung des deutschen Blutes, seiner Reinigung von dem feigen Bestandteil, den
ihm angeblich die Juden zuführten. Gleichzeitig stritten sie ebenso tapfer, das
verschlissene Adelsdasein dadurch neu zu vergolden, daß einer der Söhne in eine jüdische Familie mit Kapital heirate.

Als der Krieg ausbrach, meldeten sich viele Juden freiwillig zum Militär. Nicht
wenige von ihnen waren fortschrittliche Intellektuelle und ausgesprochene
Kriegsgegner; sie meldeten sich dennoch, um ein für allemal der Legende von
der Feigheit der Juden ein Ende zu machen. Als Beispiel möchte ich den hochbegabten sozialdemokratischen Führer Dr. Ludwig Frank-Mannheim nennen,
der im ersten Monat des Weltkriegs als Freiwilliger fiel. Trotzdem erhielt die
deutsche Reaktion den Vorwurf der Feigheit aufrecht, so hoch die Zahl der Juden in den deutschen Verlustlisten auch war. Zusammen mit anderen Vorwürfen
ähnlichen Charakters diente er dazu, die Aufmerksamkeit des Volkes von den
eignen Machenschaften der Reaktion abzulenken und es auf eine Konkurrenz zu
hetzen, mit der man selber mangels Tüchtigkeit nicht fertig wurde.

Tapferer als die Intellektuellen, die trotz ihrer friedlichen Einstellung freiwillig
in den Krieg zogen, um ihr Volk von einer vermeintlichen Schmach zu reinigen,
waren jene anderen, die mit ihrer Person für den Frieden eintraten und nicht nur
sich weigerten, in den Krieg zu ziehen, sondern ihn aus allen Kräften bekämpf-
ten.

Zu diesen wirklich tapferen Menschen gehörte Erich Mühsam. Als er einberufen
wurde, besaß er den Mut, seine persönliche Überzeugung gegen die gewaltige
Kriegsmaschine zu stellen und dem Einberufungsbefehl nicht zu folgen auf die
Gefahr hin, daß der ungeheure Machtapparat ihn wegen seiner Widersetzlichkeit
zerschmettere. Von außen schien das hoffnungslos: eine Ameise stellte sich einem der mächtigsten Kriegsapparate der Welt entgegen, und mit keinen anderen
Waffen als denen des Geistes, der Überzeugung! Er wurde geholt und für ein
paar Tage ins Gefängnis gesteckt; dann legte man ihm eine Uniform hin, aber er
weigerte sich, sie anzuziehen. „Ihr könnt mich totschlagen, aber mich zwingen,
andere totzuschlagen, das könnt ihr nicht!" erklärte er. Was sollte man mit ihm

anfangen? Erschießen? Aber er war ja verrückt; ein Mensch, der gegen die Kriegsmaschine Front machte, statt an die Front zu gehen und auf dem Felde der Ehre Lorbeeren zu ernten, *mußte* verrückt sein! Und solch einen Menschen füsilierte man – damals! – nicht. Er wurde mit einigen Monaten Gefängnis bestraft und danach mit einer Bescheinigung nach Hause geschickt, daß er nicht im Besitz seiner Geisteskräfte sei und deshalb zum Kampf fürs Vaterland ungeeignet. Natürlich wurde sein beispielhafter Mut als Feigheit ausgelegt, als jüdische Feigheit!

Während des Krieges war ich jeden Winter in München. Erich Mühsam lernte ich durch den „Simplicissimus" kennen, allerdings hatte ich mir den streitbaren Herausgeber des „Kain" anders vorgestellt. Mühsam war klein von Gestalt und von wenig auffälligem Äußeren, die Stirne niedrig, das Gesicht von einem Bart wie zugewachsen – er ähnelte mehr einem kleinen Dorfschulmeister ohne Persönlichkeit als einem Streiter des Geistes. Aber wenn er zu reden begann, öffnete sich das graue Gehäuse vor einer tapferen, eigentümlichen Persönlichkeit, die furchtlos die Konsequenzen seiner besonderen Art auf sich nahm.

Erich Mühsam war der typische fortschrittliche jüdische Intellektuelle: aphoristisch, paradox und scharf. Die Sprache des gemeinen Mannes fiel ihm schwer, er war zu literarisch; sein Wissen stammte mehr aus Büchern als aus dem Leben, und einen Hang hatte er, geistreich zu sein sogar auf Kosten der Sachlichkeit. Anderseits war er geradezu und kameradschaftlich wie wenige andere; die Arbeiter, die ihn persönlich kennenlernten, liebten ihn.

Überhaupt war menschlich nichts an ihm auszusetzen. Der optimistische Glaube seines Volkes an den Sieg der Kräfte des Friedens, der ihm geholfen hat, die zweitausendjährige Emigration zu bestehen, erfüllte auch ihn. Auch besaß er viele der Eigenschaften, die der Emigrant zur Bewährung braucht: die Fähigkeit, in die primitivsten Verhältnisse sich zu schicken und das Beste daraus zu machen und dabei den Glauben an die Zukunft ebenso zu bewahren wie den Anspruch an die Zukunft, und dazu die geistige Überlegenheit, die der Armut den Stachel nimmt und einen schlimme Zeiten bestehen läßt.

Auf mannigfache Weise war Erich Mühsam selber ein Emigrant. Sein Kampfgenosse Leviné prägte den Satz: „Revolutionäre sind Tote auf Urlaub." Ebenso richtig wäre es wahrscheinlich, sie die Lebenden der Zukunft, ihre Pioniere zu nennen. In den entscheidenden Perioden führen die Vorkämpfer neuer Gedanken immer das Leben von Emigranten, selbst wenn sie nicht aus dem Lande gehetzt werden; in der alten Welt bezeichnet jetzt revolutionär und geächtet dasselbe.

Nicht nur vor, sondern auch während des Weltkriegs stand in Deutschland der Antisemitismus in hoher Blüte. Erich Mühsam bekam das zu fühlen. Im Gegensatz zu vielen anderen Intellektuellen bekannte er sich freimütig zu seiner Herkunft, und man konnte nicht umhin festzustellen, daß er allein aus diesem Grund isoliert war. Das kulturelle Leben in München – nicht zum mindesten das der literarischen und künstlerischen Kreise – war stark vom jüdischen Element geprägt, das sich nach bestem Vermögen tarnte. Einen Skandinavier berührte es eigentümlich, wenn er mit Künstlern am Stammtisch saß, deren Abstammung niemand verkennen konnte, und anhören mußte, daß sie das Judentum beschimpften. Mühsam verachtete so etwas und hatte dafür den Preis zu zahlen.

Noch mehr isolierte ihn seine revolutionäre Anschauung. Die „berühmte Münchner Demokratie" war zumeist äußere Verzierung: im Grunde war der Münchner reaktionär und intolerant. Mühsams „plebejischer" Hang zu den breiten Schichten schloß ihn von der guten Gesellschaft der Intelligenz ebenso aus wie sein Wille, es mit der Freiheit ernst zu nehmen. Auf mannigfache Weise spürte man, daß seine Schwelle gezeichnet war.

Aber es lohnte sich, die unsichtbare Sperre zu durchbrechen. In dem hohen Mietshaus in der Georgenstraße hausten hoch unter dem Himmel mit weiter Aussicht über Gärten und lehmige Bauplätze als zwei freie Vögel Erich und Zenzl Mühsam. Zenzl, selber groß und hell, hielt sich meist in ihrer großen hellen Küche auf; da hantierte sie und kochte und briet und buk – die schönste und unerschrockenste Frau, die das bayrische Bauernland hervorgebracht! In ihrem unverfälschten Dialekt, der aus ihrem Munde rollte wie Äpfel die Treppe hinunter nahm sie teil am Gespräch im Wohnzimmer und schwang in der Küche klirrend Töpfe und Pfannen von einem Feuerloch aufs andere. Und zutiefst in der Stube saß zwischen verstaubten Büchern im Halbdunkel Erich Mühsam und kommentierte die Weltereignisse, während Gäste kamen und gingen, deren jeder das Seine zum Haushalt beitrug.

Ein prächtiges Ehepaar! Von außen waren sie so verschieden wie überhaupt möglich; sie durch und durch Land und freier Himmel, er die Großstadt mit Ästhetik und Bücherluft. Und dennoch paßten sie zusammen, bildeten ein seltenes Beispiel der Kameradschaft. Sie verließ ihre Küche ebenso ungern wie er sein Studierzimmer; ihre Mahlzeiten waren ebenso anregend und würzreich wie seine Anmerkungen; ihr Geist war ebenso revolutionär wie seiner. Aus der Küche warf sie wie helle Funken ihre Bemerkungen in die Diskussion, deren Teilnehmer waren revolutionäre Künstler, revolutionäre Arbeiter, dieser und jene aufrührerische Soldat. Wie die Zukunft aussehen müsse, damit sie allen ein menschliches Dasein böte, wußte Erich Mühsam nicht; in revolutionärer Politik war er ein Kind. Aber unbewußt hatten er und Zenzl um sich eine Welt geschaffen, in der man die Luft einer neuen Zeit schon atmete.

Erich Mühsam war und blieb Anarchist. Das Gesamt war nicht seine Sache, und wenn er auf Kosten des großen Zusammenhangs von der Stimmung des Augenblicks seinen sarkastischen Witz inspirieren ließ, fiel es häufig schwer, scharfe Zusammenstöße mit ihm zu vermeiden. Aber es war unmöglich, ihn nicht zu lieben. Für jedwedes Wesen hatte er ein Herz, jedwedes Individuum war ihm heilig; auch in diesem Betracht war und blieb er Anarchist. Und mutig war er und furchtlos in einem Grad, daß man häufig den Eindruck erhielt, er riefe – weit entfernt davon, Angst zu haben, daß ihm etwas geschähe! – das Martyrium herbei. Dies und seine Herzenseinfalt und Herzensgüte erkannte ich wieder als jene schöne Eigenschaften, denen ich in meiner Jugend in den Gebirgen Andalusiens bei den anarchistischen Landarbeitern und Häuslern so oft begegnet war. Gleich ihnen litt er lieber, als daß er anderen Leid zufügte; diente er lieber, als daß er sich bedienen ließ. Dieselbe stille Freude am Dasein – trotz allem – trug er im Gemüt, denselben Glauben an den Sieg des Guten – ohne sich Rechenschaft zu geben, worin das Gute bestünde –, die diesen primitiven Zukunftsmenschen eigentümlich war.

Bei aller Bescheidenheit und Zurückhaltung im Auftreten übte er auf suchende Naturen eine besondere Anziehung aus. Die Stärke seiner Überzeugung, ihr furchtloses Bekennen machten ihn zum natürlichen Mittelpunkt der wenigen aufrührerischen Elemente und zu einem Stein des Anstoßes dem System. Das Militär haßte ihn bereits damals aus vollem Herzen, ständig ward er von der Polizei überwacht. Ein Politiker war er nicht, das beweist seine Rolle in der Räterepublik; wo er konkrete politische Aufgaben bewältigen sollte, waren die Verhältnisse allemal mächtiger als er und setzten sich trotz seiner durch. Er war lauter Temperament und besaß nicht die ausdauernde Vorstellungskraft, langsamem Wachstum zu folgen; er war ungeduldig wie ein Kind gegenüber allem, was Zeit erforderte. Am liebsten hätte er das Endziel sogleich verwirklicht gesehen. Insofern war er dem System nicht gefährlich; es besonnen methodisch zu untergraben war nicht seine Sache. Er war als Mensch ungemein wertvoll, als eine Persönlichkeit, die durch und durch kultiviert und zugleich revolutionär war! Und in dieser Eigenschaft war er der Reaktion gefährlicher als er es als noch so hervorragender Politiker hätte sein können. Er war ihr peinlich und bedrohlich als lebendes Beispiel, daß hohes menschliches Kulturbewußtsein nicht nur mit Aufstand gegen das Bestehende sich vereinigen läßt, sondern darin münden muß. Deswegen stößt er mit der Reaktion zusammen, und dabei zeigt sich seine Größe: Nicht als Minister der Räterepublik, sondern als Gefangener in den Kerkern der Reaktion entfaltete er sich als der seltene Mensch, der er war.

Aus Ansbach und aus Niederschönenfeld, wo er seine Teilnahme an der Münchner Räterepublik „büßte", erhielt ich regelmäßig Briefe von ihm, hin und wieder auch von anderen Gefangenen. Seine Briefe zeigen, wie stark er ist: kein Wort der Klage, nur lichter Glaube an die Zukunft und Gedanken an andere. Die Briefe seiner Kameraden zeigen, daß er die Seele des Kreises ist, daß er den Kampfgeist und den Mut der anderen aufrechterhält.

Indes war die Behandlung der politischen Gefangenen damals anders als heute. Noch war die Reaktion in ihrem Kampf gegen die Entwicklung des Menschen nicht so tief gesunken, daß sie durchaus tierische Waffen angewendet hätte. Den politischen Gefangenen sah sie doch noch anders an als den Mörder und Gewalttäter. Heute ist es anders; mit dem Nazismus ist die Reaktion durch auch die allerprimitivsten Kulturstadien bis aufs Tier zurückgesunken und darunter sogar, bis auf die Inkarnation des Blutdurstes, *die Bestie!*

In einem Kampf, darin der eine Teil nur mit geistigen Waffen kämpft, der andere mit Gummiknüppel, Folter, Konzentrationslager und Mord, in einem Kampf zwischen dem Kulturmenschen und dem Menschentier muß der Kulturmensch unterliegen. Erich Mühsam hat diesen Kampf kämpfen und alle seine für einen Kulturmenschen entsetzlichen Stadien durchlaufen müssen. Allein durch seinen Persönlichkeit war er ein ausersehenes Opfer der schwarzen Reaktion. Kein Wunder, daß *die Bestie* ihm an die Kehle sprang und sich an ihm rächte, indem sie ihn den Weg der Entwicklung zurückschleifte durch Schmutz und Brutalität hinunter in den Abgrund des Tierischen, daraus sich der Mensch in jahrtausendelangem Kampf gegen sich selbst allmählich mühsam emporgearbeitet hat.

Sein Leidensweg ist von dem Tausender anderer nicht verschieden. Es beginnt damit, daß man ihn duzt, ihn als Judenschwein beschimpft und ihn prügelt! Er, dem ein jeder Mensch heilig und unantastbar ist, der nie jemand mit einem bösen Wort kränkte – er wird mit gemeinen Worten beschmutzt und geschlagen, geprügelt, wie Strolche einen Hund prügeln, und das im Namen des Gesetzes! Sogar die Prügelmeister empfinden, wie entwürdigend Prügel sind, in den meisten Ländern hält es schwer, die Stellung des Prügelmeisters zu besetzen, unterm Ausschuß müssen die Anwärter gesucht werden, und selbst der Ausschuß schämt sich dieses Handwerks und weicht den Blicken aus. Nur im „Dritten Reich" scheint das Handwerk des Profosen hochgeschätzt zu sein. Offiziere und andere „Söhne besserer Eltern" drängen sich dazu; es ist eine Großtat und eine Lust, mit Lederriemen und Gummiknüppel auf wehrlose Gefangene einzuschlagen; eine Auszeichnung bedeutet es, hochentwickelte, wertvolle Menschen totschlagen zu dürfen. Je wertvoller diese Menschen, desto größer die Tat. Wie herrlich, einem edelgesinnten Menschen die Seele aus dem Leib trampeln dürfen, einem hochbegabten Menschen die Hirnschale zertrümmern dürfen! Das sind Leistungen! In roher Besoffenheit Kristallkronen und köstliche Kunstwerke zertrümmern ist im Vergleich dazu nichts.

Als Erich Mühsam gefangengenommen wurde, bat er wie vor ihm sein Lehrer und Freund Gustav Landauer: *„Tötet mich, aber mißhandelt nicht meinen Leib!"* Ha ha, vor Mißhandlung und Schändung haben sie Angst, diese Ästheten, lieber sterben sie; also schänden und mißhandeln wir sie! Ohne es zu wollen, gaben die Opfer der Bestie Hinweise; was ihnen wegen ihrer menschlichen Kultur am stärksten zuwider war, gerade das tat man ihnen an. Auf Landauer trampelten die Offizieren herum, daß der Brustkorb zerbrach, das Herz heraustrat und außerhalb des Leibes weiterschlug, bis sie ihn ganz umbrachten. Das ist 1919 gewesen, da war man noch ungeschickt. Als fünfzehn Jahre später Mühsam an die Reihe kam, war die Menschenmißhandlung zu einem so raffinierten, durchaus sadistischen System entwickelt worden, daß ihm gegenüber die Schrecken der Inquisition verbleichen.

So schrecklich es für Mühsams empfindsame Natur war – der alles im Guten zu erreichen gewohnt –, daß er getreten und geprügelt, mit Gewehrkolben gestoßen und ihm die Zähne ausgeschlagen wurden, so war dies doch nur gering gegenüber dem, was folgte. Das Tier, dem er in die Klauen geraten war, spielte mit ihm, ließ ihn los und fing ihn wieder ein, ließ ihn laufen, daß er sich fast in Freiheit wähnte – und war mit einem Sprung wieder über ihm; warf ihn hin und her zwischen Hoffnung und Aufgabe. Er litt mehr unter seelischer Tortur als unter körperlicher, folglich mußte er vor allem seelisch gequält werden. Es war merkwürdig mit diesen Menschen mit Seele: größere Qualen fügte man ihnen zu, indem man sie die Qualen anderer anzusehen zwang, als wenn man sie selber quälte. Wollte man einen solchen Menschen zutiefst treffen, mußte man ihn zusehen lassen, wie man andere mißhandelte, und ihm sagen, daß seinetwegen die Mißhandlungen geschähen, zum Beispiel deswegen, weil er Jude wäre.

Seht, da ist so ein Gefangener, Mühsam heißt er, ein Mensch mit Verantwortung; zum Wohle der Menschheit hat er gedichtet und gegrübelt und nur über dies eine nachgedacht: wie kommen wir voran, wie werden wir besser und tüchtiger, geeigneter, das Leben zu leben und es nach Vernunft zu gestalten. Auf seine ungeschickte Weise hilft er einem kranken Mitgefangenen, der es nicht hat halten können, hilft ihm, den Strohsack zu reinigen, damit der Wächter es nicht sähe.

Aber der Wächter hat es gesehen. Aha, Mühsam hilft einem Gefangenen, der sich eingesaut hat, und sieh, welche Überwindung ihn das kostet! Los, komm her und leere die Latrinen, mit den Händen, mit den bloßen Händen! Ein Kolbenstoß in den Rücken, Mühsam kann sich nicht wehren. Berauscht von diesem satanischen Einfall tanzen sie um ihn herum, schlagen sich auf die Schenkel und brüllen vor Gelächter: der Dichter, der bücherweise feine Mann leert die Latrinen nur mit den Händen, als wäre er pervers! Zum Totlachen ist das! Aber warum wendet er das Gesicht ab? Stellt er sich an, spielt er die vornehme Dame? Mühsam, du Judenschwein, mit der Nase hinein! Hast du gehört, oder sollen … Ein Kolbenschlag in den Nacken, ein Tritt ins Kreuz – armer Mühsam! Und arme Menschheit!

Aber der Boden des Abgrundes ist noch nicht erreicht. Man hat herausbekommen, daß Erich Mühsam Tiere liebt; damit muß man ihn treffen. Es ist ein zahmer Affe im Lager, der wird auf ihn gehetzt; sie prügeln ihn, damit er den Tierfreund Mühsam beiße und kratze. Aber der Affe schmiegt sich an Mühsam an, vor der Bestie sucht das Tier Schutz beim Menschen. Und die Bestie fährt aus der Haut: Mühsam zu treffen, erschießen sie den Affen vor Mühsams Augen – er soll an dem Tod des Affen schuld sein!

Ist ihm noch mehr Schlimmes anzutun? Jegliche Entwürdigung ist versucht worden, bis zu den Exkrementen ist man gelangt. Gibt es nichts, was ihm noch widerlicher wäre? Doch, seine Henker, diese Untiere, die sich ergötzen an ihrer eignen Niedrigkeit, sind ihm physisch zuwider; sie können nicht umhin, es zu bemerken. Folglich müssen sie ihn am Leibe bedrängen: sie schmiegen sich an ihn, fahren ihm wie liebkosend mit ihren Henkershänden durchs Gesicht, einer von ihnen öffnet ihm gewaltsam den Mund und spuckt hinein. Und als Mühsam sich übergibt, lassen sie ihn ein Grab graben: er solle erschossen werden, weil er die hohen Schützer des „Dritten Reichs" verhöhnt habe, indem er sich über ihnen erbrach.

Mühsam wird nicht erschossen, er hat noch nicht genug gelitten. Man begnügt sich, ihn mit dem Gesicht vor eine Mauer zu stellen und mit den Gewehrabzügen zu knacken. Nein, wie lustig das ist, wenn er unwillkürlich zusammenzuckt! Hört das Gelächter, das ihnen als tierisches Gebrüll aus den Kehlen stürzt! Nein, keines Tieres Gebrüll ist diesem Gelächter vergleichbar! Es ist ein Echo all der entfesselten Roheit, die der Mensch auf seinem dornenreichen Weg der Entwicklung gezähmt zu haben meinte.

Wir leben in einer Zeit der Demütigung. Der Krieg war ein schlimmes Ereignis; im Vergleich aber zu dem, was seither die Reaktion über uns gebracht hat, war er geradezu eine Erscheinung von hoher Kultur. Heute geht es ums Ganze: Der Mensch soll auf seinen Ursprung, aufs Menschentier zurückgeschleudert werden! Mühsam ist ein Symbol; da er an die äußerste Grenze der Roheit geschleift worden war, sprang ihm die Bestie an die Kehle und ermordete ihn. In einer Latrine hängten sie ihn auf, um den Eindruck zu erwecken, er habe Selbstmord begangen und im Tode sich erniedrigt.

Erich Mühsam war ein edler, würdiger Repräsentant des modernen Kulturmenschen, tapfer und guten Willens voll, geistreich und revolutionär. Da ihm infolge seines Wesens tierische Waffen nicht zur Verfügung standen, mußte er beim Zusammenstoß mit der Barbarei unterliegen. Aber als Blutzeuge und Symbol wird er wiederauferstehen. Seine und Tausender anderer grauenhafte Leiden und Tod haben vielen vor den Gefahren der Reaktion die Augen geöffnet; nicht mehr ist die Reaktion eine schleichende Krankheit, sondern ein Raubtier, das in weiten Sprüngen auf die Welt losfährt. Durch ihre Angst vor den entfesselten tierischen Kräften wird heute immer mehr Menschen das Wirken der Reaktion bewußt.

Möchten wir in Erich Mühsams Schicksal eine teuer erkaufte Warnung erkennen! Er ist ein schönes Sinnbild der Unerschrockenheit des Kulturmenschen und seiner Fähigkeit, zu dulden und zu leiden; sein Martyrium aber möge uns eine Mahnung sein, daß die Aufgabe der Kultur nicht darin besteht, uns wehrlos zu machen. Wir müssen alles daransetzen, die entfesselte Bestie wieder in Ketten zu legen! Wir müssen mit Vernunft kämpfen, einen wirklichen Kulturkampf führen!

„Tiden"
Nr. 10, Oktober 1936

„Onkel Franz" und „Onkel Haase" stehen für
Hanns Heinz Ewerf und Erich Mühsam.

Publikationen der Erich-Mühsam-Gesellschaft

Die EMG gibt zwei Publikationsreihen heraus: das „Mühsam-Magazin" und die „Schriften der Erich-Mühsam-Gesellschaft". Bisher sind erschienen:

Mühsam-Magazin:

Heft 1 (1989) ISBN 3-931079-00-7
Zur Gründung der EMG (vergriffen)

Heft 2 (1990) ISBN 3-931079-01-5
Mit dem Beitrag „Erich Mühsam und Gustav Landauer" (vergriffen)

Heft 3 (1992) ISBN 3-931079-03-1
Mit dem Beitrag „Erich Mühsam und Herbert Wehner" (vergriffen)

Heft 4 (1994) ISBN 3-931079-06-6
Mit der Erstveröffentlichung der Novelle „Tante Klodt" von Erich Mühsam (1900), 7,50 €

Heft 5 (1997) ISBN 3-931079-15-5
Mit dem Sylter Tagebuch von Erich Mühsam (1891), 7,50 €

Heft 6 (1998) ISBN 3-931079-18-X
Mit Dokumentation zum Urheberrechtsstreit um Erich Mühsam, 7,50 €

Heft 7 (1999) ISBN 3-931079-19-8
Mit Materialien zur Tagung „Erich Mühsam und die Kunst", 7,50 €

Heft 8 (2000) ISBN 3-931079-23-6
Mit dem humoristischen Stück „Im Nachthemd durchs Leben" (1914), 10,00 €

Heft 9 (2001) ISBN 3-931079-26-0
Mit Materialien zum Verhältnis Erich Mühsams zu Senna Hoy, Oskar Maria Graf und Emmy Hennings, 10,00 €

Heft 10 (2003) ISBN 3-931079-30-9
Mit Materialien zur Rettung der Lübecker Löwen-Apotheke und zur Roten Hilfe, 12,50 €

Heft 11 (2006) ISBN 3-931079-36-8
Mit Beiträgen zu Margarethe Faas-Hardegger, Johannes Nohl und Peter Hille, 12,50 €

Schriften der Erich-Mühsam-Gesellschaft:

Heft 1 (1989) ISBN 3-923475-17-9
Chris Hirte: Wege zu Erich Mühsam (Erich-Mühsam-Rezeption in der DDR)
(vergriffen)

Heft 2 (1991) ISBN 3-931079-02-3
Revolutionär und Schriftsteller, 2. Auflage, 7,50 €

Heft 3 (1993) ISBN 3-931079-04-xa
Erich Mühsam und ... (der Anarchismus und Expressionismus; die „Frauenfrage"; Ludwig Thoma), 2. Auflage, 7,50 €

Heft 4 (1993) ISBN 3-931079-05-8
Die Graswurzelwerkstatt (vergriffen)

Heft 5 (1994) ISBN 3-931079-07-4
Der „späte" Mühsam, 7,50 €

Heft 6 (1994) ISBN 3-931079-08-2
Kurt Kreiler: Leben und Tod eines deutschen Anarchisten, 5,00 €

Heft 7 (1995) ISBN 3-931079-09-0
Anarchismus im Umkreis Erich Mühsams, 7,50 €

Heft 8 (1995) ISBN 3-931079-10-4
Musik und Politik bei Erich Mühsam und Bertolt Brecht, 7,50 €

Heft 9 (1995) ISBN 3-931079-11-2
Zenzl Mühsam. Eine Auswahl aus ihren Briefen. Hrsg. Uschi Otten und Chris Hirte, 10,– €

Heft 10 (1995) ISBN 3-931079-12-0
Andreas Speck, Sich fügen heißt lügen. Die Geschichte einer totalen Kriegsdienstverweigerung (vergriffen)

Heft 11 (1996) ISBN 3-931079-13-9
Frauen um Erich Mühsam: Zenzl Mühsam und Franziska zu Reventlow, 10,– €

Heft 12 (1996) ISBN 3-931079-14-7
Thomas Mann – Heinrich Mann. Berührungspunkte dreier Lübecker, 7,50 €

Heft 13 (1997) ISBN 3-931079-16-3
Birgit Möckel: Das Ende der Menschlichkeit. George Grosz' Zeichnungen, Lithographien und Aquarelle aus Anlaß der Ermordung Erich Mühsams, 5,– €

Heft 14 (1997) ISBN 3-931079-17-1
Allein mit dem Wort. Carl v. Ossietzky und Kurt Tucholsky. Schriftstellerprozesse in der Weimarer Republik, 2. Auflage, 10,– €

Heft 15 (1999) ISBN 3-931079-20-1
Literatur und Politik vor dem 1. Weltkrieg. Erich Mühsam und die Boheme, 10,– €

Heft 16 (2000) ISBN 3-931079-21-X
Erich Mühsam und andere im Spannungsfeld von Pazifismus und Militarismus, 7,50 €

Heft 17 (1999) ISBN 3-931079-2-28
Dietrich Kittner: Kleine Morde? Große Morde? Deutsche Morde. Zur Verleihung des Erich-Mühsam-Preises 1999, (vergriffen)

Heft 18 (2000) ISBN 3-931079-24-4
Thomas Dörr: „Mühsam und so weiter, was waren das für Namen ...". Zeitgeist und Zynismus im nationalistisch-antisemitischen Werk des Graphikers A. Paul Weber, 2. Auflage 2011, 7,50 €

Heft 19 (2000) ISBN 3-931079-25-2
Anarchismus und Psychoanalyse zu Beginn des 20. Jahrhunderts. Der Kreis um Erich Mühsam und Otto Gross 1999, 12,50 €

Heft 20 (2002) ISBN 3-931079-27-9
„Bücher kann man nicht umbringen." Zur Verleihung des Erich-Mühsam-Preises 2001 an Mumia Abu-Jamal, 7,50 €

Heft 21 (2002) ISBN 3-931079-28-7
Erich Mühsam und das Judentum, 15,00 €

Heft 22 (2003) ISBN 3-931079-29-5
Das Tagebuch im 20. Jahrhundert – Erich Mühsam und andere, 10,– €

Heft 23 (2004) ISBN 3-931079-31-7
Ausstellung zum 125. Geburtstag Erich Mühsams – Festschrift mit Preisverleihung an die „junge Welt", 12,50 €

Heft 24 (2004) ISBN 3-931079-32-5
„Sei tapfer und wachse dich aus." Gustav Landauer im Dialog mit Erich Müh-sam – Briefe und Aufsätze. Herausgegeben und bearbeitet von Christoph Knüp-pel, 15,– €

Heft 25 (2004) ISBN 3-931079-33-3
Die Rote Republik. Anarchie und Aktivismuskonzepte der Schriftsteller 1918/19 und das Nachleben der Räte – Erich Mühsam, Ernst Toller, Oskar Maria Graf u. a., 15,– €

Heft 26 (2005) ISBN 3-931079-34-1
„Den Schwachen zum Recht verhelfen". Erich-Mühsam-Preis 2005 an Felicia Langer, 5,– €

Heft 27 (2006) ISBN 3-931079-35-X
Von Ascona bis Eden. Alternative Lebensformen, 12,50 €

Heft 28 (2006) ISBN 978-3-931079-37-6
„Eingesperrt sind meine Pläne namens der Gerechtigkeit". Politische Haft, Fol-ter Todesstrafe: Erich Mühsam und andere, 12,50 €

Heft 29 (2007) ISBN 978-3-931079-38-3
„Ferien vom Krieg". Erich-Mühsam-Preis 2007 an das Komitee für Grundrechte und Demokratie, 5,– €

Heft 30 (2008) ISBN 978-3-931079-39-0
„Kunst als politische Waffe oder als Mittel zur Aufklärung?", 10,– €

Heft 31 (2008) ISBN 978-3-931079-40-6
„Wie aktuell ist Erich Mühsam?", 10,– €

Heft 32 (2009) ISBN 978-3-931079-41-3
Clément Moreau, Nacht über Deutschland. 107 Linolschnitte aus den Jahren 1937-1938, 10,– €

Heft 33 (2009) ISBN 978-3-931079-42-0
STOLPERSTEINE. Erich-Mühsam-Preis 2009 an Gunter Demnig, 5,– €

Heft 34 (2010) ISBN 978-3-931079-43-7
Charlotte Landau-Mühsam, Meine Erinnerungen, 10,– €

Heft 35 (2010) ISBN 978-3-931079-44-4
Herrschaftsfreie Gesellschaftsmodelle in Geschichte und Gegenwart
und ihre Perspektiven für die Zukunft, 7,50 €

Heft 36 (2011) ISBN 978-3-931079-45-1
Sich fügen heißt lügen? Leben zwischen Gewalt und Widerstand, 10,– €

Heft 37 (2012) ISBN 978-3-931079-46-8
Bedingungsloses Grundeinkommen – Existenzminimum – Kulturminimum –
wozu?, 7,50 €

Heft 38 (2012) ISBN 978-3-931079-47-5
Zwischen Gewalt und Widerstand: Erich Mühsam und andere, 7,50 €

Heft 39 (2014/2015) ISBN 978-3-931079-48-2
Ni Dieu – ni maître!? Anarchismus und die Religion – Erich Mühsam und das
Religiöse, 12,– €

Heft 40 (2015) ISBN 978-3-931079-49-9
Erich Mühsam und die Gruppe TAT, 12,– €

Heft 41 (2015) ISBN: 978-3-86841-156-0
Erich Mühsam in Meiningen, Anarchosyndikalismus in Thüringen, Die Baku-
ninhütte und ihr soziokultureller Hintergrund, Hrsg.: Dr. Andreas W. Hohmann,
12,– €

Heft 42 (2017) ISBN: 978-3-93107-950-5
Rassismus – Antisemitismus-politische Gewalt und Verfolgung, 10,– €

Heft 43 (2017) ISBN: 978-3-931079-51-2
Erich-Mühsam-Preis 2016: Dokumentation der Preisverleihung, 8,– €

Heft 44 (2018) ISBN: 978-3-931079-52-9
„Missratene Söhne?!" – Generationenkonflikte als Gesellschaftskritik –, 10,– €

Soweit die Hefte nicht vergriffen sind, können sie bei der Erich-Mühsam-
Gesellschaft oder im Buchhandel erworben werden.   Stand: Mai 2018

Erich-Mühsam-Gesellschaft e. V., Lübeck

c/o Buddenbrookhaus, Mengstr. 4, 23552 Lübeck

http://www.erich-muehsam-gesellschaft.de
E-Mail: post@erich-muehsam-gesellschaft.de

Längst überfällig war sie. Seit dem 111. Geburtstag am 6.4.1989 existiert sie und soll mit **Ihrer** Unterstützung lebendige Arbeit leisten.

Aufgabe der Erich-Mühsam-Gesellschaft ist es, das Andenken des Schriftstellers zu erhalten, in seinem Geist die fortschrittliche, friedensfördernde und für soziale Gerechtigkeit eintretende Literatur zu pflegen und seine Absage an jede Unterdrückung, Gewalt und Diskriminierung von Minderheiten für die Gegenwart zu nutzen.

Unsere Pläne:

- Aufbau eines Archivs in Lübeck
- Lesungen und Inszenierungen
- Vorträge und Seminare
- Förderung der wissenschaftlichen Forschung
- Herausgabe weiterer Hefte der Schriftenreihe und Magazine
- Vergabe eines Erich-Mühsam-Preises
- Aufbau eines Erich-Mühsam-Museums in Lübeck

Ein früherer Lübecker Bürgermeister hat – bezogen auf Thomas und Heinrich Mann sowie Erich Mühsam – gesagt: „Dass die auch gerade alle aus Lübeck sein müssen – was sollen die Leute im Reich von uns denken!" Nun – die Brüder Mann mussten emigrieren, Mühsam wurde auf grausame Weise 1934 im KZ Oranienburg ermordet. Das „Reich" ging kaputt ...

Der Schriftsteller, Dramatiker, Bänkelsänger, Lyriker, Zeichner, Essayist, antimilitaristische Agitator und Journalist Erich Mühsam gehört zu den bedeutendsten und vielseitigsten kritischen Talenten Deutschlands im frühen 20. Jahrhundert. Es gilt, diesen wichtigen Sohn Lübecks, der für Frieden und Freiheit kämpfte, in das Bewusstsein der Öffentlichkeit zu bringen.

Die Erich-Mühsam-Gesellschaft e. V. ist vom Finanzamt Lübeck nach § 5, Abs. 1 Nr. 9 KstG mit Steuernummer 22 290 77 166 541-HL als gemeinnützig anerkannt.